"आत्मा को ईश्वर से जोड़ने के लिए, चित्त की वृत्तियों को रोककर, उस पर नियंत्रण करके, उसे एकाग्र करके समाधि की स्थिति को प्राप्त कर लेना 'योग' है।"

बहुत से लोग समझते हैं—योग सबके लिए नहीं है। परन्तु यह भूल है।

जो भी 'मनुष्य' है, जिसका शरीर मानव का है और 'योग' की प्रबल इच्छा है, वही इस शास्त्र के द्वारा, इस दर्शन के द्वारा प्रयोग रूप में योग साधना कर सकता है। योग सार्वभौम है। किसी भी मत, सम्प्रदाय या धर्म से सम्बन्धित, शरीरधारी मानव योग सीख, समझ और कर सकता है। कोई बन्धन नहीं है। यह विद्या इतनी जटिल नहीं है, जितनी लोग समझते हैं।

बहुत से लेखकों या योगियों ने इस विद्या को दुरूह या सर्वसुलभ न बनने देने के प्रयास किए। किन्तु ऐसा नहीं है। योग असम्भव नहीं है।

इसमें कोई गोपनीय बात नहीं है।

प्रत्येक मनुष्य, जब चाहे तब, सच्चे हृदय से अच्छे गुरु की देख-रेख में 'योग' विद्या को सीख सकता है।

—इसी पुस्तक से

प्राणायाम-कुण्डलिनी और हठयोग

आचार्य भगवान देव

डायमंड बुक्स

ISBN : 81-7182-196-0

प्रकाशक : **डायमंड पॉकेट बुक्स (प्रा.) लि.**
X-30, ओखला इंडस्ट्रियल एरिया, फेज-II
नई दिल्ली-110020
फोन : 011-41611861
फैक्स : 011-41611866
ई-मेल : sales@dpb.in
वेबसाइट : www.dpb.in

मुद्रक : आदर्श प्रिंटर्स, शाहदरा, दिल्ली - 32

PRANAYAM, KUNDALINI AUR HATHYOGA
by : Acharya Bhagwan Dev

विषय-सूची

भाग 1

भाग–2

भाग—3

(भाग एक)

1. योग क्या है?

'योग' एक भारतीय दर्शन या शास्त्र है। छः दर्शन यहां माने जाते हैं। प्रथम-द्वितीय–'न्याय-वैशेषिक' तृतीय-चतुर्थ 'सांख्य योग' पंचम-षष्ठ है–'वेदान्त और मीमांसा।'

'योग दर्शन' पर सबसे प्रमाणित महर्षि पतंजलि द्वारा लिखित सूत्र माने जाते हैं।

पतंजलि योग सूत्र के अनुसार–

'योगश्चित्त वृत्तिनिरोधः'

अर्थात–'चित्तवृत्तियों को रोकना ही योग है।' चित्त में उठने वाली विचार तरंगों को वृत्ति (भंवर) कहते हैं। इन वृत्तियों को रोकना योग कहलाता है।

वैसे 'योग' का शाब्दिक अर्थ है–जोड़। वास्तव में यह योग भी जोड़ना ही है। किसे जोड़ना है? किससे जोड़ना है? यह प्रश्न उठने स्वाभाविक हैं।

योग का परिणाम होता है–'आत्मा' और 'परमात्मा' का सम्बन्ध हो जाना। अतः यह आत्मा का परमात्मा से योग या जुड़ना है।

मन बड़ा चंचल है। यह जिस इन्द्रिय से संयुक्त होता है उसी के द्वारा बाह्य विषयों का हम ज्ञान करते हैं। किसी वस्तु को हम देख रहे हैं। वह वस्तु हमारी आंखों के सामने होती है बाहरी तंत्र या इन्द्रिय के गोलक उस विषय को मस्तिष्क के अंदर इन्द्रिय तक भेजते हैं और इन्द्रिय उसे मन को और मन निश्चय यात्मिका बुद्धि के पास भेजता है। तब पुरुष या आत्मा उसे ग्रहण करता है। यह सब कार्य क्षण भर में हो जाता है।

यह जो 'मन' है यह भी भौतिक शरीर के अन्य यन्त्रों की भांति जड़ है किन्तु इसको सूक्ष्म होने तथा आत्मा के हाथों का यत्र होने के कारण यह चेतन-सा लगता है। मन के द्वारा आत्मा बाहरी विषयों को ग्रहण करती है। मन परिवर्तनशील है। इधर से उधर दौड़ता रहता है। यह कभी सभी इन्द्रियों से लगा रहता है तो कभी एक से। कभी किसी से नहीं।

पूर्णता प्राप्त मन सभी इन्द्रियों से एक साथ लगाया जा सकता है। इसमें अन्तर्दृष्टि की शक्ति है। जिसके बल से मनुष्य अपने अन्तर के सबसे गहरे प्रदेश तक में नजर डाल सकता है।

इस अन्तर्दृष्टि का विकास साधन ही 'योगी' का उद्देश्य है।

योग के द्वारा योगी प्रयत्न करते हैं कि वे अपने को ऐसा सूक्ष्म अनुभूति सम्पन्न कर लें जिससे वे विभिन्न मानसिक प्रक्रियाओं को प्रत्यक्ष कर सकें।

हमारा यह मन चेतन आत्मा के साथ होने के कारण चेतन-सा प्रतीत हो रहा है। मनुष्य का असल स्वरूप है, वह मन के अतीत है। हमारा यह मन तो एक यंत्र मात्र है। मन में उसी चेतन आत्मा की चेतनता है। जब तक आत्मा एक द्रष्टा के रूप में इसके पीछे है, तभी तक यह चेतन स्वरूप है। जब मनुष्य किसी प्रकार इस मन का त्याग कर देता है तो मन फिर नहीं रहता।

इसी मन का उपादान स्वरूप है 'चित्त'।

और इस 'चित्त' में उठने वाली तरंगें हैं, 'वृत्तियां'।

हम और आप किसी तालाब पर जायें और उसके तल को देखने का प्रयास करें'

तल दिखाई क्यों नहीं देता?

क़ारण यही है कि जल निर्मल नहीं है और उसमें लहरें हैं, जल शान्त नहीं है।

यदि जल पूर्णरूप से साफ, निर्मल है, उसमें एक भी लहर या तरंग नहीं है, तो यह निश्चित बात है कि हम तालाब के तल को देख लेंगे।

यह चित्त ही मानो वह तालाब है और हमारा वास्तविक रूप वह तल है। ये वृत्तियां ही लहरें हैं। मन का अज्ञान और अपवित्रता वह गन्दलापन है।

यह सब न रहे तो अपने वास्तविक रूप को देखा जा सकता है

'योग' इन्हीं वृत्तियों या लहरों को वश में करने या रोकने का विज्ञान है।

'योग' चूंकि मेल-मिलाप या 'जोड़ना' है। आत्मा-परमात्मा का मिलना है। इसलिए योगी स्वयं को परमात्मा के निकट जान कर सबको उसी परमपिता की सन्तान या अंश मानता है। अतः वह सभी प्राणियों को आत्मवत देखता है। योगी सबसे हिला-मिला या सबको अपने जैसा ईश्वर पुत्र मानकर, किसी को दुःख नहीं देता। सबसे प्रेम करता है। उनके मन से पाप की भावना, दुःख, क्रोध, कष्ट सब दूर हो जाते हैं और सम्पूर्ण व्यक्तित्व योगाग्नि से तप कर शुद्ध हो जाता है। यही तो 'योग' है।

संसार के सारे दुःखों का मूल, सारे झगड़ों का कारण—स्वार्थ, घमंड और लोभादि हैं। योगी इन सबसे दूर होता चला जाता है। क्योंकि वह ईश्वर के निकटतर होता चला जाता है।

'योगी' को यह ईश्वर-साक्षात्कार 'योगाभ्यास' से योग साधनाएं करने से होता है। कैसे करें? यही योग विद्या सिखाती है।

महर्षि पतंजलि ने कहा है कि योग चित्त की वृत्तियों को रोकना या उनका निरोध करना है। यह चित्त अपनी स्वाभाविक और पवित्र अवस्था को पुनः प्राप्त करने के लिए सतत चेष्टारत तो है किन्तु इन्द्रियां उसे बाहर की ओर खींचे रखती हैं। उसका दमन, उसकी बाहर जाने की प्रवृत्ति को रोकना और उसे लौटाकर उस चेतन आत्मा के निकट ले जाने वाले मार्ग पर लाना, यही 'योग' का प्रथम सोपान है। यह योग ही है जो ऐसा कार्य कर सकता है। बिना

'योग' के यह असम्भव है।

सभी प्राणियों में मन है, चित्त है।

परन्तु सभी प्राणी उसे बुद्धि रूप में परिणत नहीं कर पाते। पशु-पक्षियों का चित्त बुद्धि रूप में विकसित होकर वृत्तियों का निरोध नहीं हो सकता। अतः मनुष्य ही ऐसा प्राणी है, जो चित्त की वृत्तियों को बुद्धि के रूप में परिणत कर, मोक्ष की प्राप्ति के लिए योग के सोपानों में से गुजर सकता है।

'योग' के जो अंग हैं—उनमें अन्तिम समाधि है और 'समाधि' में हम ईश्वर के निकटतर होते हैं। इस स्थिति को पहुंचने के लिए 'चित्त' का एकाग्र होना अत्यन्त आवश्यक है। क्योंकि एकाग्र चित्त ही हमें 'समाधि' में ले जा सकता है। और एकाग्रता 'योग' से ही संभव है।

अतः हम योग की परिभाषा इस प्रकार कर सकते हैं—

"आत्मा को ईश्वर से जोड़ने के लिए, चित्त की वृत्तियों को रोककर, उस पर नियंत्रण करके, उसे एकाग्र करके समाधि की स्थिति को प्राप्त कर लेना 'योग' है।"

बहुत से लोग समझते हैं—योग सबके लिए नहीं है। परन्तु यह भूल है।

जो भी मनुष्य है, जिसका शरीर मानव का है और 'योग' की प्रबल इच्छा है, वही इस शास्त्र के द्वारा, इस दर्शन के द्वारा प्रयोग रूप में योग साधना कर सकता है। योग सार्वभौम है। किसी भी मत, सम्प्रदाय या धर्म से सम्बन्धित, शरीरधारी मानव, योग सीख, समझ और कर सकता है। कोई बन्धन नहीं है। यह विद्या इतनी जटिल भी नहीं है जितनी लोग समझते हैं।

बहुत से लेखकों या योगियों ने इस विद्या को दुरूह या सर्व सुलभ न बनने देने के प्रयास किये। किन्तु ऐसा नहीं है।

योग असम्भव नहीं है।

इसमें कोई गोपनीय बात नहीं है।

प्रत्येक मनुष्य, जब चाहे तब, सच्चे हृदय से अच्छे गुरु की देख-रेख में 'योग' विद्या को सीख सकता है।

2. योग के प्रकार

'योग' दर्शन के आधार पर ही कालान्तर में योग को इस विद्या के विशारदों ने अनक भागों में बांट दिया है।

योग के कई भेद कर दिए गये।

कई नामों से योग साधनाएं की जाने लगीं।

विभिन्न योग शास्त्रों के आधार पर योग के निम्नलिखित भेद हैं:

1. राज योग
2. ज्ञान योग
3. कर्म योग
4. भक्ति योग
5. हठ योग
6. नींद योग
7. लय योग
8. प्रेम योग

1. राजयोग

संक्षेप में 'राजयोग' योग की वह विद्या है जिसमें योगी मन को वश में करके प्राणों पर विजय प्राप्त करता हुआ योग सिद्धि को प्राप्त होता है।

'राजयोग' में योग के आठ अंग होते हैं।

यम, नियम, आसन, प्राणायाम, प्रत्याहार, धारणा, ध्यान और समाधि।

विस्तृत विवेचन करने पर इन आठों को ही सोलह भागों में विभक्त किया जाता है। जैसे धारणा को दो भागों—प्रकृति धारणा और ब्रह्म धारणा में, ध्यान को तीन भागों— विरांग-ध्यान, ईश ध्यान, ब्रह्म ध्यान में, समाधि के चार अंग—वितर्कानुगत, विचारानुगत, आनन्दानुगत, और अस्मितानुगत हैं।

योग के सम्पूर्ण अंगों की साधना में, अन्तिम, 'समाधि में चित्तवृत्ति एकाएक की स्थिति को प्राप्त होती है। चित्तवृत्ति का निरोध ही योग है।

मन ही मनुष्य के लिए बन्धन स्वरूप है। इसे बन्धन से मुक्त कराने में बुद्धि की क्रिया सहायक होती है। बुद्धि की क्रिया किसी विषय विशेष पर विचार करना है। विचारों के द्वारा चित्तवृत्ति के निरोध की क्रिया को ही 'राजयोग' कहा जाता है।

2. ज्ञान योग

ज्ञान ही मनुष्य को योगाभ्यास के योग्य बनाता है। बिना ज्ञान के योग और बिना योग के यथार्थ ज्ञान की प्राप्ति सम्भव नहीं है।

ज्ञान दो प्रकार का है—1. विषय और 2. अविषय।

जब प्रथम प्रकार का ज्ञान दृढ़ हो जाता है तो तब दूसरे प्रकार का ज्ञान

उत्पन्न होता है। दूसरे प्रकार का 'अविषय' ज्ञान ईश्वर का ही ज्ञान है।

ज्ञान को 'सूक्ष्म ज्ञान' और 'स्थूल ज्ञान' में भी बांटते हैं।

स्थूल ज्ञान भौतिक ज्ञान है जिसे विज्ञान या साइंन्स भी कहते हैं। यह ज्ञान मनुष्य को सांसारिक उलझनों में फंसाये रखता है।

सूक्ष्म ज्ञान आध्यात्मिक दृष्टि से आवश्यक और श्रेष्ठ ज्ञान है। आत्म ज्ञान या ईश्वर सम्बन्धी ज्ञान इसी में समाविष्ट है। यही ज्ञान मनुष्य को उच्च स्थिति में पहुंचा सकता है।

ईश्वर को जान लेना पूर्ण ज्ञान है। ज्ञानी को ईश्वर प्रिय होता है और ईश्वर को ज्ञानी प्रिय है।

जो ईश्वर से एकत्व कर लेता है, वह ईश्वरीय गुणों से ओत-प्रोत हो जाता है। अपनी आत्मा से साक्षात्कार ही ईश्वर को जान लेना है। ऐसा साधक अद्वैत की अनुभूति करता है। फिर सभी बन्धन टूट जाते हैं और मोक्ष निश्चित हो जाता है। यही ज्ञान योग है।

3. कर्म योग

इस संसार में आकर सभी को कर्म करना पड़ता है। बिना कर्म किए कोई रह ही नहीं सकता।

अब प्रशन उठता है कि कैसे कर्म करें और कैसे न करें?

सुकर्म क्या है दुष्कर्म क्या है?

इसका निर्णय शास्त्रों के विधान से करना चाहिए। शास्त्रों के विधानानुसार कर्म करना कर्तव्य और सुकर्म है।

कर्म कभी भी फल प्राप्ति की आशा लेकर या कामना बद्ध होकर न किया जाए।

निष्काम भाव से बिना फल में आसक्ति के किया जाए। साधक या कर्म योगी के लिए उचित है कि वह जो कुछ भी कर्म करे, बिना फल की इच्छा के, पूरे मनोयोग से करे और करके ईश्वर को अर्पण कर दे। उसका फल इच्छा के विरुद्ध भी हो सकता है। तब निराश न हो, चिन्तित न हो। अनुकूल फल होने पर प्रसन्न न हो, प्रतिकूल होने पर चिन्तित न हो। प्रत्येक स्थिति में एक से भाव रहें। मानसिक सन्तुलन सदैव बना रहे। सुख-दुःख में एक-सा रहे। यही जीवन साधना और कर्म योग है।

'कर्मयोग' के विषय में हमें, 'गीता' और महाभारत पर्याप्त बताते हैं।

महाभारत में एक स्थान पर बड़े सहज ढंग से जनक कहते हैं—'हम राज्य का संचालन आसक्ति रहित होकर करते हैं। यदि हमारे एक हाथ पर चन्दन लगाया जाए और दूसरे को छील डाला जाए, तब भी हमें सुख-दुःख एक-सा प्रतीत होता है। अर्थात वैभव और कठिनाई हमारे लिए एक समान है।

सच्चे कर्म योगी की यही पहचान है।

कर्म योग साधना का फल तभी प्राप्त होता है। जब इतने उच्च भाव होते हैं। जब साधक ऐसी पराकाष्ठा तक अपने जीवन को पहुंचा देता है।

सच्चा कर्म योग यही है।

यदि साधना का फल यह नहीं मिलता तो वह अधूरी साधना है। सच्चा कर्म योगी तो 'विदेह' हो जाता है।

4. भक्ति योग

भक्ति भाव से भक्त जो भी कुछ करता है, वह भगवान को ही समर्पित करता है। भक्त का चित्त सदैव भगवान में रमा रहता है। भक्त किसी अन्य प्रकार से योगी से कम नहीं होता है।

भगवान के प्रति प्रेम रखना, उसी को अपना सब अर्पण कर देना भक्ति है।

भक्ति से मोक्ष की प्राप्ति हो सकती है।

भक्ति को दृढ़ता भक्त और भगवान में एकत्व कर देती है यही तो 'ईश्वर प्रणिधान' है।

भक्ति योग का योगी जब अपनी भक्ति को दृढ़ कर लेता है। तब वह अपनी सभी कामनाओं से मुक्त हो जाता है यहां तक कि उसे मोक्ष की भी कामना नहीं रहती। वह केवल भगवान को चाहता है। उन्हीं से एकत्व चाहता है, उन्हीं में मिलना-घुलना चाहता है।

भक्ति सगुण की या निर्गुण की—किसी भी प्रकार से हो, वह ब्रह्म या ईश्वर में एकाकार होने की भावना का नाम है।

जब भक्त इसमें सफलता पा लेता है। तो समझो वह भक्त योगी है।

मीराबाई और सूरदास ऐसे सगुण भक्त थे। रामानुज, माधवाचार्य आदि वैष्णव सन्त ऐसे भक्त थे।

भक्ति की पराकाष्ठा द्वारा, आपा भूलकर ईश्वर के रंग में रंग जाना, तन्मय होना भक्ति योग है।

5. हठयोग

'हठयोग' इस पुस्तक का मुख्य विषय है। अतः इस पर आगे विस्तार से लिखा जायेगा।

6. नादयोग

'नाद योग' लय योग' साधनों में से ही है। लय के अनेक साधनों में नादानुसन्धान भी है। जिस प्रकार आसनों में सिद्धासन और शक्तियों में कुम्भक प्राणायाम है उसी प्रकार 'लय' भी। 'नाद' ही सर्वश्रेष्ठ है।

कानों में जो नाद सुनाई देता है उसे आप भी सुनते हैं उसी में भांति-भांति के स्वर सुनाई देते हैं।

अनेक योगाचार्य नाद श्रवण को अत्यन्त महत्त्व देते हैं। एकाग्रचित्त होकर सावधानी से अनहद नाद को सुनना योग में सफलता के लिए आवश्यक है।

नाद समाधि खेचरी मुद्रा से सिद्ध होती है।

7. लययोग

'पुण्य' और 'पाप' दोनों ही प्रकार के कर्मों को छोड़कर ज्ञान काण्ड में प्रवृत्त हो जाएं। ऐसा शिव संहिता में कहा गया है। ईश्वर प्राप्ति का सरल

उपाय लय योग है। प्राण और मन का लय। उस एक आत्मा में मन को लीन कर लेना।

आत्मा में ही सब कुछ लय कर देने से लय योग की सिद्धि होती है।

साधक आत्मा और परमात्मा को एक रूप में जान लेता है।

8. प्रेम योग

जब सच्ची लगन होती है तभी प्रेम उत्पन्न होता है। वह दृढ़ होकर योग का रूप धारण कर लेता है।

प्रेम योग के साधकों को भगवान के प्रति सच्ची लगन होती है। वह लगन ही उनकी भक्ति और प्रेम तथा अनन्य शरण है। इसी का फल भगवत्प्राप्ति है।

उपर्युक्त के अतिरिक्त भी योगाचार्यों ने अनेक भेद 'योग' के किए हैं।

शिव योग, ध्यान योग, अभ्यास योग और न जाने कितने प्रकार के योग बताये गए हैं।

सभी योगों का लक्ष्य एक है।

सभी का उद्देश्य भी समान है।

वह है ईश्वर से एकत्व या जुड़ जाना।

जो साधक सच्चे मन से पूरी लगन और परिश्रम से किसी भी योग की साधनाएं करता है, उसे योग में सफलताएं भी मिलती ही हैं। तरह-तरह की सिद्धियों की प्राप्ति होती है।

परन्तु विद्वान योगियों ने सिद्धियों के चक्कर में पड़ने या उन्हीं में उलझकर रह जाने का निषेध किया है।

3. हठयोग

शरीर विज्ञान की दृष्टि से मस्तिष्क के तीन भाग हैं।

1. वृहद् मस्तिष्क
2. लघु मस्तिष्क
3. सुषुम्ना

मस्तिष्क का यह तीसरा भाग, 'सुषुम्ना' एक नाड़ी या नली है।

यह खोखली-सी नली सिर से नीचे, मेरुदंड के भीतर चली गयी है और नीचे गुदा के निकट, मूलाधार पर आकर बंद हो गयी है।

मूलाधार में 'कुण्डलिनी' शक्ति की उपस्थिति मानी जाती है।

'मूलाधार' सहित शरीर में छः चक्र माने जाते हैं।

सभी योगाचार्य इन छः चक्रों की विद्यमानता को स्वीकार करते हैं।

इन छः चक्रों का वेधन 'कुण्डलिनी' करती है और अन्तिम लक्ष्य पर मस्तिष्क में पहुंचती है। यही साधकों का अन्तिम लक्ष्य है।

इन चक्रों के वेधन के लिए 'षटकर्म' आदि की क्रिया या साधनाएं करनी पड़ती हैं। इन क्रियाओं के अभ्यास से स्थूल शरीर को पूर्णरूप से वश में किया जाता है। इन्हीं से चित्तवृत्तियों का निरोध होता है। यह सभी योगाभ्यास 'हठयोग' के अन्तर्गत आते हैं।

'हठयोग' की क्रियाएं बहुत कठिन हैं। अभ्यास से ही उन्हें सीखा और किया जा सकता है।

मुख्य रूप से 'हठ योग' दैहिक उन्नति के लिए है। आध्यात्मिक उन्नति इससे नहीं हो पाती है। हां, यदि 'हठयोगी' सिद्धियों और उपलब्धियों के फेर में नहीं पड़ता और ध्यान तथा समाधि को भी सिद्ध करता है तो आगे बढ़ सकता है।

परन्तु होता यही है कि 'हठयोगी' तरह-तरह के व्यायाम प्रदर्शनों में लग जाते हैं।

शरीर की ऐसी कोई पेशी नहीं, जिसे हठयोगी अपने वश में न ला सकता हो। वह 'हृदय' को भी चला या बन्द कर सकता है। शारीरिक सभी अंगों को वह इच्छानुसार चलाने में समर्थ होता है।

हठयोगी दीर्घ जीवी होता है। दीर्घ और स्वस्थ जीवन, शक्तिशाली, नियंत्रित शरीर हठयोग की उपलब्धि होती है। दृढ़ संकल्प के बल से उन्हें पीड़ाएं नहीं सतातीं। वे सौ वर्ष से अधिक आयु तक युवा बने रहते हैं।

हठयोगी जब तक जीते हैं जवान रहते हैं। उनका स्थूल शरीर स्वस्थ, सुन्दर, निरोग और इच्छानुसार चलने वाला रहता है।

4. योग के अंग

योग के आठ प्रमुख अंग हैं।

1. यम
2. नियम
3. आसन
4. प्राणायाम
5. प्रत्याहार
6. धारणा
7. ध्यान
8. समाधि

इन्हें 'अष्टांग योग सिद्धियां' कहते हैं। इनके बिना योग सिद्धि नहीं होती। महर्षि पतंजलि ने भी योग के ये ही आठ अंग बताये हैं और इन्हीं की साधना करने की आज्ञा दी है।

यम और नियम तो सार्वभौम हैं। ये देश और काल से प्रभावित नहीं हैं। सभी देशों और सभी धर्मों के लोग इनसे लाभ उठाते हैं। योग साधना न करते हुए भी पाँचों नियमों से लाभान्वित हुआ जा सकता है।

पाँच यमों में प्रथम 'अहिंसा' है जिससे मनुष्य आत्मवत सबको समझने का अभ्यास कर सकता है। संसार के सभी प्राणियों को अपने समान मानकर किसी को कष्ट न देना, न सताना, हत्या न करना अहिंसा है और यह अहिंसा का पथ सभी के लिए है।

सत्य बोलना और सत्याचरण, जो दूसरा यम है कितना उपयोगी और उच्च भाव है, यह सब जानते हैं। 'अस्तेय' अर्थात चोरी का अभाव—किसी भी स्थिति में चोरी-बेइमानी व भ्रष्टाचरण न करना भी उच्च भाव है।

'ब्रह्मचर्य' शरीर और मन को ऊंचाइयों पर ले जाता है।

'अपरिग्रह' के द्वारा लालच, लोभ और स्वार्थों का त्याग हो जाता है।

इसी प्रकार नियम हैं।

नियमों में बंधकर चलने से शरीर और मन दोनों का संयम सरल हो जाता है।

शौच से तन-मन पवित्र होते हैं।

सन्तोष से शान्ति मिलती है।

तप से इच्छा शक्ति व मानसिक शक्ति में वृद्धि होती है।

स्वाध्याय से ज्ञान बढ़ता है।

ईश्वर प्रणिधान मनुष्य को निर्भीक और चरित्रवान बनाता है।

इस प्रकार यम-नियम मनुष्य को योग में भलीभांति प्रवृत्त करते हैं।

जो लोग योग के लिए इन्हें आवश्यक नहीं मानते, वे भूल करते हैं।

यम और नियम के पश्चात आसन आते हैं।

'आसन' योग का महत्त्वपूर्ण अंग है।

'आसनों' को सभी प्रकार के योगी विशेष महत्त्व देते हैं।

किन्तु 'हठयोग' में तो आसन अत्यन्त महत्त्वपूर्ण अंग हैं।

हठयोग की सिद्धि के लिए अनेक प्रकार के आसन शारीरिक व्यायाम की भांति सिद्ध किये जाते हैं।

आसनों के पश्चात 'प्राणायाम' अर्थात् प्राणों का संयम किया जाता है। यह भी योग का महत्त्वपूर्ण अंग है।

हठयोग में भी इसका स्थान है। यह श्वास-प्रश्वास की क्रिया पर नियंत्रण होता है।

प्राणायाम सिद्ध होने पर प्रत्याहार अर्थात इन्द्रियों को विषयों पर से हटाना सिद्ध हो जाता है और फिर 'धारणा' अर्थात मन को किसी वस्तु या शरीर के अंग में लगाते हैं। फिर 'ध्यान' और बाद में समाधि है।

इस प्रकार योग सिद्ध होता है।

हमारा प्रमुख विषय हठयोग है।

अतः 'हठयोग' के सम्बन्ध में ही मुख्य रूप से लिखना है।

इन अष्टांगों में 'आसन' और 'प्राणायाम' 'हठयोग' में विशेष हैं।

'प्राणायाम' पर विस्तार से आगे लिखेंगे। क्योंकि 'प्राणायाम' भी इस पुस्तक का विवेचनीय विषय है।

यहां आसनों पर विस्तार से लिखते हैं—

5. आसन

'हठयोग' अभ्यास बिना 'आसन' के अभ्यास के असम्भव है। आसन की परिभाषा यूं तो महर्षि पतंजलि ने अपने सूत्रों में—'तत्रस्थिर सुखमासनम्' कहकर की है, जिसका अर्थ है कि जिसमें सुखपूर्वक शरीर और आत्मा स्थिर हो, उसको आसन कहते हैं।

'योगासन' जिस ढंग और प्रकार से किये जाते हैं, उनमें शरीर सुखपूर्वक तो रह नहीं सकता। पतंजलि योगसूत्रों में आसनों के ये जटिल ढंग नहीं हैं। क्योंकि पतंजलि का योगदर्शन सांख्यमत पर आधारित है और वह राजयोग विद्या है।

सैकड़ों प्रकार के जो आसन हैं, वे विशेषतः 'हठयोग' के अभ्यास के लिए सहायक हैं।

स्वस्थ शरीर में ही स्वस्थ मन रहता है। अतः इसे स्वस्थ, मजबूत रखना हमारा कर्तव्य है। हठयोग का मुख्य उद्देश्य भी यही है। हठयोग कहता है कि स्वस्थ शरीर आत्मा को स्वस्थ करके ईश्वर से जोड़ता है।

योगासनों से शरीर स्वस्थ और मजबूत बनता है तथा आयु भी लम्बी होती है, इसमें दो राय नहीं है।

यहां कुछ योगासनों को लिखना हम उचित समझते हैं।

1. शीर्षासन

शीर्षासन आसनों में श्रेष्ठ हैं। चूंकि इसमें शरीर की मुद्रा उलटी होती है। इसलिए इसे 'विपरीत-करणी मुद्रा भी कहा गया है। कुछ लोग 'कपालासन' या 'वृक्षासन' भी कहते हैं।

सर्व प्रथम पेट साफ कर लेना चाहिए। भरे पेट या पेट में अन्य विकारों के होते यह उचित नहीं है।

इस आसन को करने के लिए, पहले आप अपने सामने कपड़े की गद्दी-सी बनाकर रख लें फिर घुटनों के बल बैठकर आगे की ओर झुकते हुए, हाथ की अंगुलियां एक दूसरी में डालते हुए, कपड़े की गद्दी के साथ ही गोलाई में रखें और सिर को गद्दी पर इस प्रकार टिका दें कि कुछ भाग गद्दी तथा कुछ हथेलियों पर रहे। इससे सिर पर दबाव कम रहेगा। पैरों को उठाते हुए सीधे आकाश की ओर उठा लें। पैरों को संभालते हुए धीरे-धीरे ही उठायें।

शरीर बिलकुल सीधा रहना चाहिए।

अब आपकी स्थिति वृक्ष के ठूंठ या सीधे खड़े स्तम्भ जैसी हो जाएगी। इस स्थिति में प्रारम्भ में पन्द्रह सेकण्ड ही रहें। धीरे-धीरे समय बढ़ाते चले जायें।

शीर्षासन की स्थिति में दृष्टि को कुछ समय सामने की ओर तथा कुछ समय मस्तक के निकट रख सकते हैं।

श्वास-प्रश्वास पर विशेष ध्यान दें। गहरी और सन्तुलित सांस लें। जितने समय में सांस लें, उतने में ही छोड़ें। आसन सिद्ध होने पर कुम्भक कर सकते हैं। चित्त को शांत रखें। शरीर को स्थिर रखें। हिलें-डुलें नहीं।

प्रारम्भ में यह आसन किसी गुरु की सहायता से सीखें तो अच्छा है। गुरु न मिलें और न कोई साथी हो तो दीवार का सहारा लें। किन्तु सदैव नहीं।

शीर्षासन के बाद जितनी देर आसन किया है उतनी ही देर तक सीधे खड़े रहें। क्योंकि इसमें रक्त उलटा दौड़ता है। उसे पुनः उसी दिशा में चलाने के लिए उतनी ही देर शान्त खड़े रहें।

शीर्षासन से अनेक लाभ 'हठयोग प्रदीपिका' आदि ग्रन्थों में गिनाये गए हैं।

पाचनक्रिया तेज और दुरुस्त होती है, अनेक रोग दूर होते हैं, नेत्र-ज्योति बढ़ती है, ऊर्जा शक्ति का प्रवाह मस्तिष्क की ओर होने से वीर्य रक्षा होती है—ब्रह्मचर्य पालन में सरलता रहती है, वायु रोगों में लाभ मिलता है, शरीर तेजस्वी बनता है वृद्धावस्था जल्दी नहीं आती और आयु लम्बी होती है।

इनके अतिरिक्त अन्य भी बहुत लाभ हैं—जैसे सिर में चक्कर नहीं आते, पागल-पन और मूर्च्छा में लाभ होता है। नींद अच्छी आती है, याददाश्त बढ़ती है, हारनियां जैसे रोग नहीं सताते; दिल मजबूत होता है, नर्वस सिस्टम ठीक होता है, चर्म रोग नहीं होते, शारीरिक और मानसिक शक्ति मिलती है। यह आसन शरीर का कायाकल्प ही कर देता है। सुख और शक्ति दायक है। मृत्यु भी ऐसे योगी से दूर रहती है।

'शीर्षासन' की ही स्थिति में ऊर्ध्व पद्मासन, पद्म शिरनाभि स्पर्शासन आदि किये जा सकते हैं। इनमें ऊपर ही ऊपर पद्मासन लगाते हैं। अर्थात पांवों को मोड़कर ऐसी पालथी लगाते हैं कि पांव एक-दूसरे में फंस जाते हैं। इनमें वे ही लाभ हैं जो शीर्षासन में हैं। पांवों के लिए कुछ लाभ और बढ़ जाते हैं। ये स्त्रियों के लिए नहीं हैं।

'शीर्षासन' गर्भावस्था को छोड़कर, अन्य सभी स्त्रियां कर सकती है।

2. ताड़ासन

इस आसन में चूंकि मनुष्य ताड़ के वृक्ष की भांति सीधा खड़ा होता है इसलिए इसे ताड़ासन कहा गया है।

इसे करने के लिए पहले सीधे खड़े हो जायें। दोनों पैरों को आपस में मिला लें। फिर दाहिनी भुजा को कधों की सीध में फैलायें, तत्पश्चात् आकाश की ओर उठाते चल जायें। इसी प्रकार दूसरी भुजा भी उठाकर आकाश की ओर सीधी उठा दें। दोनों भुजायें खींचकर ऊपर उठाये रहें।

सांस खींचकर अन्दर भर लें। एड़ियों को उठाकर पंजों के बल खड़े रहें। शरीर को ऊपर इस प्रकार खींचें जैसे आप आकाश को छूने का प्रयास कर रहे हों। पांव और हाथों को नीचे लाकर सांस बाहर निकालें।

इस आसन से भुजाओं, टांगों, सीने और कमर को शक्ति मिलती है। फुर्ती आती है। शरीर की लम्बाई में वृद्धि होती है।

छोटे कद वालों को यह आसन अवश्य करना चाहिए। दिल मजबूत होता है तथा हाजमा भी सही रहता है। स्त्रियां भी करें।

ताड़ासन

3. एक पादासन

इस आसन में एक पैर पर खड़े होते हैं और दूसरे को पद्मासन की स्थिति में रखते हैं। इसे करने के लिए प्रथम सीधे खड़े होइये। फिर रेचक करके प्राण बाहर निकालें। इसके पश्चात् एक पैर को घुटने से मोड़कर जांघ पर पद्मासन जैसी स्थिति में रखें। फिर श्वास खींचकर अन्दर रोकते हुए, दोनों हाथों के अंगूठों के पास वाली अंगुली को अंगूठे के मूल से लगाकर दोनों हाथों को सामने सीधा रखें। दृष्टि सीधी रहे। एक पैर पर जब न रहे सकें तो दूसरा बदलते समय 'कुम्भक' व 'रेचक' करें।

एक पादासन

इस आसन में मानसिक शांति मिलती है, इस मुद्रा में ईश्वर प्रार्थना भी कर सकते हैं। टांगें मजबूत होती हैं, आलस्य दूर होता है।

स्त्रियों को भी उपयोगी है।

4. महावीरासन

यह नाम इस आसन का महावीर हनुमान के नाम पर रखा गया है। इसमें शरीर की दशा महावीर बजरंगबली हनुमान की-सी हो जाती है।

इस आसन को करने के लिए, सीधे खड़े होकर पूरक करके श्वास लें, उसके बाद कुम्भक कायम रखते हुए कोई सा एक पैर को लगभग एक गज या तीन फुट आगे बढ़ायें। दोनों हाथों की मुट्ठियां बंद करके ऊपर उठावें—क्रमशः पैरों को बदलते रहें। थक जाने पर रुककर रेचक और उसके बाद पूरक क्रमशः करें। धीरे-धीरे पैर आगे-पीछे ले जाने की गति को तेज करना चाहिए।

इस आसन से छाती का विकास होता है। हाथ-पांव मजबूत होते हैं। पेट हलका रहता है, कद बढ़ता है। शरीर मजबूत और तेजस्वी बनता है।

स्त्रियों के लिए भी उपयोगी है।

5. उत्कटासन

इसे 'कुर्सी आसन' भी कहते हैं। इसमें शरीर की स्थिति ऐसी होती है जैसे कुर्सी पर बैठते हैं।

भूमि पर सीधे खड़े हो जायें। पैरों में एक फुट का अन्तर रखें। दोनों हाथ कमर पर रखकर, श्वास खींचकर धीरे-धीरे झुककर ऐसे हों जैसे कुर्सी पर बैठे रहे हों। सारा वजन टांगों के घुटनों के नीचे पांवों तक आना चाहिए। सुविधा अनुसार इस स्थिति में रहकर ऊपर उठें और रेचक करके श्वास को निकालें। तब तक कुर्सी की अवस्था में 'कुम्भक' किये रहें।

भली-भांतिं अभ्यास हो जाने पर कुर्सी की स्थिति से भी नीचे शरीर को ले जावें। पैरों के पंजों पर सारे शरीर का वजन आवे। नितम्ब पैर की एड़ी की सीध में रखें। यह आकार ठीक उसी प्रकार का बनना है जैसे कोई व्यक्ति शौच के लिए बैठा हो। इसमें शरीर का वजन पैर के पंजों पर रहता है। पैरों की एड़ियां उठी हुई होती हैं।

इससे टांगें मजबूत बनती हैं। पांव में सूजन रोग नहीं होता। वायु का नाश होता है। घुटनों का दर्द नहीं सताता।

यह आसन स्त्रियों के लिए भी उपयोगी है।

6. पद्मासन

इसे करने के लिए प्रथम भूमि पर बैठें, टांगें सीधी करें, दोनों पांवों को मिलाकर रखें। फिर दाहिना पैर बाईं और बायां दाईं जंघा पर इस प्रकार रखें कि दोनों पैरों की एड़ियां नाभि के दोनों ओर पेट से सटी हुई हों। हाथों को घुटनों पर रखें। कमर, छाती, सिर आदि सारा भाग सीधा और तना हुआ रखें। दोनों पांवों के घुटने जमीन से मिले रहने चाहिए। दृष्टि बन्द रख सकते हैं। इस आसन को करते समय 'प्राणायाम' विधि पूर्वक करें।

इस आसन से बहुत लाभ हैं। यह आसन ब्रह्मचारी के लिए तो बहुत ही उत्तम है। इससे चंचल मन वश में होता है, आयु बढ़ती है, वीर्य रुकता है, कफ-वात, त्रिदोष दूर होते हैं। सुख-शांति बढ़ती है। मानसिक कार्य करने वालों के लिए परम उपयोगी है।

यह आसन स्त्रियां भी कर सकती हैं।

7. सिद्धासन

यह आसन भी 'शीर्षासन' की भांति श्रेष्ठ आसन माना जाता है।

इसे करने के लिए भूमि पर सीधे बैठकर बायें पैर की एड़ी को अंडकोश और गुदा के मध्य भाग में दबाकर लगावें। दायें पैर की एड़ी को इन्द्रिय और नाभि के बीच लगायें। एड़ी को एड़ी की सीध में रखें। सारा शरीर सीधा रहना चाहिए। हाथ घुटनों पर रख लें। आंखें बंद करके अपने शरीर के भीतर कहीं ध्यान एकाग्र करें। भ्रूमध्य, मस्तक, मस्तिष्क के भीतर या कुण्डलिनी में ध्यान कर सकते हैं। आसन सिद्ध होने पर प्राणायाम कर सकते हैं।

इस आसन को करते समय अपान' को ऊपर खींचने का अभ्यास करें। गुदा, इन्द्रिय, पेट सभी को ऊपर की ओर खींचें। आसन को शान्त, स्वच्छ, एकान्त स्थान में करने पर अधिक लाभ है।

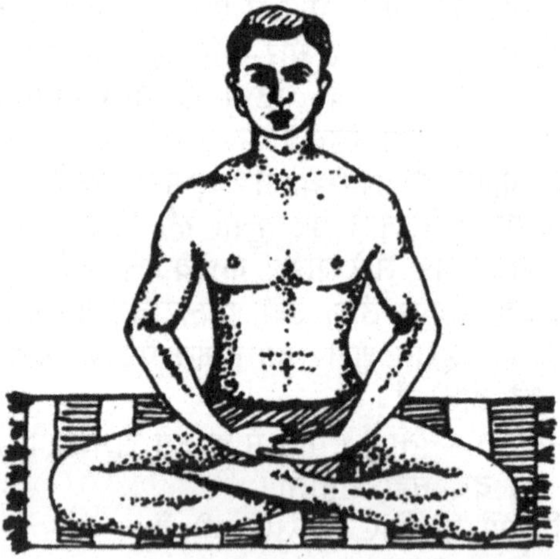

सिद्धासन

इस आसन का विधिपूर्वक अभ्यास करने से मन को एकाग्र करने में सरलता रहती है।

विचारों में पवित्रता आती है। वीर्य रक्षा होती है और वह ऊर्ध्वगामी होता है। वीर्य सम्बन्धी रोगों में लाभकारी है।

कुण्डलिनी जागृत करने, 'ओज' व मेधा शक्ति को प्राणायाम द्वारा मस्तिष्क में ले जाकर 'दिव्य ज्ञान' और ऊर्जा शक्ति की प्राप्ति के इच्छुक इसी आसन का अभ्यास करें।

स्मरणशक्ति बढ़ाने और मस्तिष्क को तीव्र करने के लिए भी यह श्रेष्ठ आसन है। इससे पेट के रोग भी दूर होकर पाचन शक्ति बढ़ती है।

8. स्वस्तिकासन

'स्वस्तिक' या 'सतिया' एक ही चिह्न है और इसका अर्थ है कल्याणकारी।

इस आसन में भी टांगों की आकृति को स्वस्तिक से मिलती-जुलती बनाते हैं। इसमें और पद्मासन में भेद यह है कि जहां पद्मासन में दोनों पांव जंघाओं पर रहते हैं, वहीं इसमें एक जंघा पर और दूसरा नीचे रहता है।

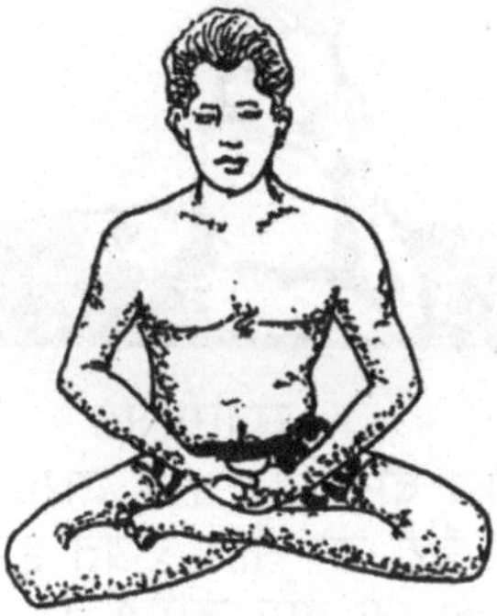

स्वस्तिकासन

पहले बैठ जायें। एक पांव की पालथी लगाकर दूसरे पांव को मोड़कर उसका पंजा पहले वाले के घुटने की साधि में पिंडली से ऊपर मोड़ के भीतर लगावें। इसी प्रकार पहले पैर का पंजा भी नीचे से लाकर दूसरे के सांचे या घुटने के दूसरी ओर मोड़ पर रख दें। दोनों पैर दोनों पिंडलियों में लगे रहें।

दोनों हाथों को सीधा रखते हुए घुटनों पर टिकायें। सीधे तने रहें और आखों की पलकें बन्द करके दृष्टि नाक के अग्र भाग पर स्थिर रखने का प्रयास करें।

'ध्यान' के लिए यह भी उत्तम आसन है।

इस आसन में आसानी से बैठा जा सकता है। जो लोग ध्यान अथवा प्राणायाम के लिए पद्मासन न कर सकें उनके लिए यह अच्छा रहेगा।

इससे मन शान्त और स्थिर रहता है। 'ध्यान' में इसी से लाभ रहेगा ईश्वर भक्ति में मन लगेगा तथा अधिक देर तक बैठा जा सकता है।

9. सर्वांगासन

यह शरीर के समस्त अंगों का आसन है। इसमें सारे अंग क्रियाशील होते हैं।

सर्वांगासन

जमीन पर चित्त लेटकर दोनों पैर तथा सारा शरीर बिलकुल सीधा रखें। सांस निकालकर धीरे-धीरे पैरों को सीधा रखते हुए ऊपर उठावें। प्रथम कमर तक पैर उठावें फिर पीठ का जो भाग जमीन पर हो उसे उठाकर दोनों हाथों से कमर को पकड़कर, कंधों से पैरों तक सारे शरीर को सीधा रखें। अभ्यास हो जाने पर हाथों का सहारा भी छोड़ सकते हैं। हाथों को जमीन पर सीधा रख लें। पैर सीधे आकाश की ओर रहे शीर्षासन की भांति। सिर और कंधे जमीन पर टिके रहें।

दृष्टि दोनों पांवों पर टिकी रहे। यह आसन सिद्ध हो जाने पर आप ऊपर ही 'पद्मासन लगा सकते हैं। उसे 'ऊर्ध्व पद्मासन' कहते हैं। एक टांग के घुटने को मोड़कर कान से लगाने पर 'कर्णपीड़ोर्ध्व सर्वांग आसन' होता है। ऊपर उठाई टांगों को आगे तथा पीछे की ओर सीधा जमीन पर लगाने से 'हेलोर्ध्व सर्वांगासन' होता है।

'हठयोग' के शास्त्रकारों ने इस आसन की बड़ी प्रशंसा लिखी है।

'हठयोग' के सिद्ध योगियों और शास्त्रकारों ने लिखा है कि इस आसन से शरीर को बूढ़ा होने से रोकने वाले 'रस' शरीर में सक्रिय होते हैं।

पेट की पाचन क्रिया तेज होती है, बुढ़ापा आने पर खाल नहीं लटकती, बाल सफेद नहीं होते, बल-बुद्धि बढ़ती है, वीर्य रक्षा होती है, जिगर रोग दूर होते हैं, स्मरणशक्ति बढ़ती है। चेहरा साफ, तेजस्वी बनता है, कब्ज, अजीर्ण, अपच, अपेण्डीसाइटिस, अंगों का विकार, दमा, चर्म रोग, रक्त दोष, स्त्रियों की मासिकधर्म में पीड़ा, अनियमितता, सिर दर्द आदि रोग दूर हो जाते हैं। सिर तथा नेत्र के रोगों के लिए तो यह बहुत अच्छा आसान है। स्त्रियों भी करें। बुद्धिजीवियों—लेखक, कवि, पत्रकार, वैज्ञानिक, धर्म प्रचारक, वकील, डॉक्टर आदि इस आसन से बहुत लाभ उठा सकते हैं।

10. हस्तपाद विस्तृत हलासन

पहले भूमि पर लेट जाइए। इसके बाद 'रेचक' करके उत्तानपाद आसन की स्थिति में आइए। इस स्थिति के लिए दोनों टांगों को धीरे-धीरे सीधी रखते हुए भूमि से दो फुट ऊपर ले जाएं। उसके बाद सर्वांग आसन करें। फिर टांगों को धीरे-धीरे पीछे की ओर सिर की ओर ले जावें। उसके बाद हाथों को भी पीछे ले जावें। अब हाथों से पैरों के अंगूठों को पकड़ रखें।

इससे सर्वांग आसन वाले लाभ भी मिलते हैं। शरीर सुन्दर और निरोग

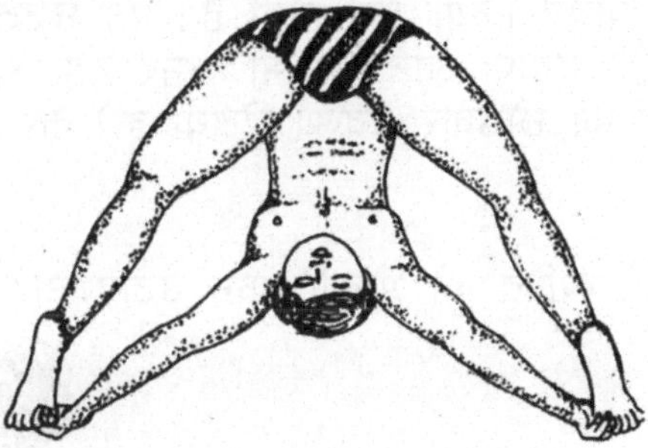

हस्तपाद विस्तृत हलासन

रहता है। रक्त के सारे दोष दूर हो जाते हैं। बुढ़ापा जल्दी नहीं आता है। पेट की सभी बीमारियों में लाभ होता है। याददाश्त तेज होती है। शरीर में स्फूर्ति आती है। गर्भावस्था को छोड़कर शेष अवस्था में सभी स्त्रियां भी कर सकती हैं।

11. चक्रासन

इस आसन में शरीर का आकार चक्र जैसा बनता है। इसीलिए इसे चक्रासन कहते हैं।

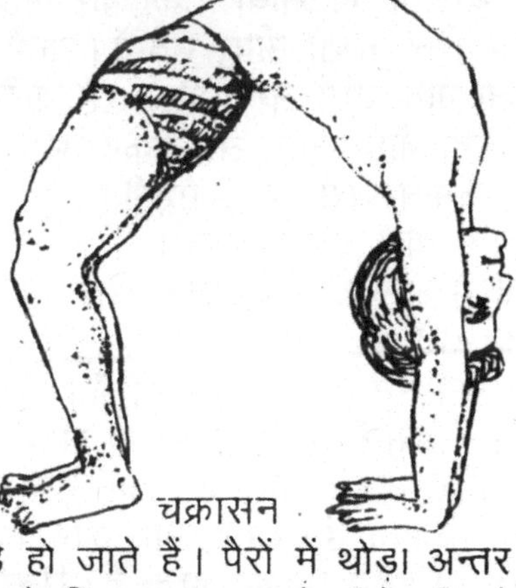

चक्रासन

इसमें प्रथम सीधे खड़े हो जाते हैं। पैरों में थोड़ा अन्तर रखते हैं। हाथों को ऊपर ले जाएं, हाथों को फिर पूरक करके पीछे की ओर ले जाएं, सिर

और पीठ को पीछे की ओर झुकाते चले जाएं, धीरे-धीरे सावधानी पूर्वक हाथों को भूमिपर रखें। हाथों के पंजे, पैरों की ओर रखें। प्रयास करके पैर तथा हाथों को समीप लाने की कोशिश करें। यह विधि जिन्हें कठिन प्रतीत हो या शरीर कुछ सख्त हो तो दूसरी विधि अपनायें। दूसरी विधि यह है कि जमीन पर लेट जायें। दोनों हाथों और पांवों को जमीन पर जमाकर शरीर के मध्य भाग को ऊपर उठाते चले जाएं। शरीर को चक्राकार बनाते जायें।

इस आसन से धनुरासन, शलभासन तथा भुजंगासन के भी लाभ मिलते हैं। सिर, गले, पीठ, भुजाएं, टांगें घुटने आदि अंग मजबूत बनते हैं। जोड़ों में दर्द नहीं होता। पाचन क्रिया तेज होती है। पेट छंटता है। शरीर तेजस्वी, फुर्तीला बनता है। बुढ़ापा आने पर भी कमर नहीं झुकेगी। गर्भावस्था या मासिक के समय को छोड़कर, स्वस्थ स्त्रियां इसे कर सकती हैं।

12. सर्पासन

इस आसन में व्यक्ति की आकृति फन उठाए सांप जैसी होती है।

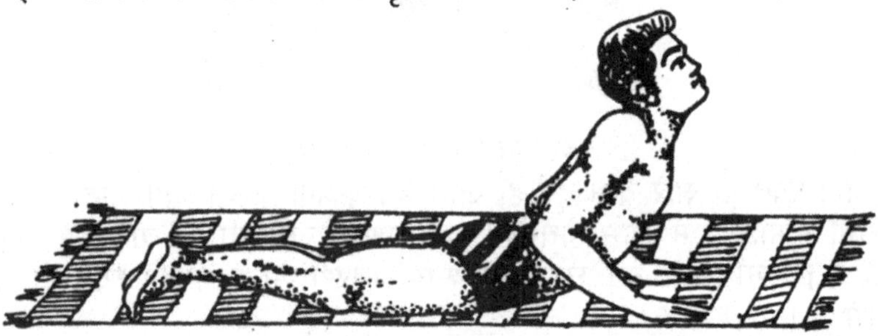

सर्पासन

इसे करने के लिए सर्व प्रथम दोनों पांव मिलाकर, टांगें सीधी करके, पेट के बल लेट जाएं। पांव के दोनों अंगूठों को खींचकर रख लें। हाथ माथे की ओर लायें। फिर हथेलियां को सीधी टिका कर पीछे की ओर ले जायें। फिर धीमी गति से माथा, सिर, छाती ऊपर उठायें। नाभि तक का आगे वाला भाग उठा रहे, नीचे वाला भाग, टांगें लम्बी फैली रहें, शरीर का वजन हथेलियों पर रहे। सिर को, जितना पीछे जाए, ले जाकर ऊपर की ओर देख सकते हैं। शरीर की आकृति कमान जैसी बन जाएगी।

पहले यह आसन बीस सेकण्ड करें।

सामान्य स्थिति में आने के लिए पहले सिर को आगे लायें, फिर छाती को जमीन पर रखें तब उठें।

भुजंगासन या सर्पासन से अनेक लाभ हैं। 'हठयोग' की अनेक पुस्तकों और घेरण्ड संहिता में इसके अनेक लाभों के साथ-साथ यह भी लिखा है कि इससे कुण्डलिनी शक्ति जागृत होती है। ज्ञान तन्तु शक्तिशाली बनते हैं। मेरु दण्ड सम्बन्धी रोग दूर होते हैं। छाती, पीठ और पेट के रोग नहीं होते। वायु विकार भी दूर होते हैं। हृदय मजबूत होता है। स्त्रियों के अनेक रोग दूर होते हैं। गर्भावस्था में स्त्रियां न करें।

13. योग मुद्रासन

'योगाभ्यास' में यह मुद्रा अत्यन्त महत्त्वपूर्ण है।

पद्मासन लगाकर शरीर को सीधा रखते हुए दोनों हाथों को पीठ के पीछे ले जायें। बायें हाथ में दायें हाथ की कलाई पकड़ें। दोनों हाथों को खींचकर उस स्थान पर ले जायें जहां कमर और रीढ़ का मिलान है। उसके बाद रेचक (श्वास बाहर निकालना) करके, कुम्भक (श्वास रोकना) को कायम रखते हुए सिर को भूमि पर स्पर्श करायें। पुनः धीरे-धीरे सिर को उठाकर सीधे हो जाएं और पूरक करें। इस आसन को पद्मासन के अतिरिक्त सुखासन और सिद्धासन में भी किया जा सकता है।

'कुण्डलिनी' जागरण के लिए यह आसन अति उत्तम है। पेट के गैस रोग दूर होते हैं। हृदय मजबूत होता है, यौन विकार नहीं रहते, मानसिक शक्ति में वृद्धि होती है।

'हठयोग' के साधक इसे अवश्य करें।

14. धनुरासन

भूमि पर उदर के बल लेटकर, दोनों हाथों को पीठ की ओर ले जाकर, घुटनों को मोड़कर पैरों को भी पीठ की ओर बढ़ायें इसके बाद दायें हाथ से दायें पैर का और बायें से बायें पैर का गिट्ठा पकड़ लें। खींचते हुए दृष्टि सामने जमायें। शरीर की आकृति धनुष जैसी लगती है। इससे अनेक

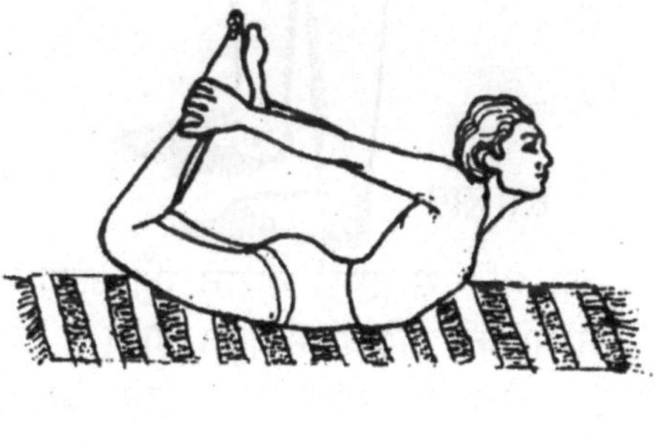

धनुरासन

लाभ हैं। पेट की वायु का नाश, पेट और छाती के रोग दूर होते हैं, दिल मजबूत बनता है, गले के रोग दूर होते हैं, आंखों की ज्योति बढ़ती है।

15. हृदय स्तम्भासन

मुलायम चादर पर चित्त लेटकर दोनों हाथों को सिर की ओर लम्बा करें।

हाथों और पावों को एक फुट की दूरी पर रख कर रेचक करके वायु को पेट से निकाल कर कुम्भक करके दोनों हाथों और दोनों पैरों को एक फुट ऊपर उठावें। दृष्टि हृदय-स्थल पर रखें। फिर धीरे-धीरे हाथ-पैर नीचे रखकर पूरक करके सांस लें।

इस आसन से हृदय मजबूत बनता है। छाती, गर्दन, पेट, कमर आदि के रोग दूर होते हैं। नियमित करने वाले का कभी हृदय बन्द नहीं हो सकता। स्त्रियां भी इसे गर्भावस्था को छोड़कर, सदा कर सकती हैं।

16. हंसासन

दोनों हाथों को जमीन पर रखकर रेचक करके श्वास को निकालकर शरीर को हलका बनाकर दोनों घुटनों को दोनों कोहनियों के ऊपर रखें। कोहनियाँ शरीर की ओर रहें। शरीर का सारा वजन हाथों पर रहेगा और आकृति हंस जैसी बन जाएगी। आसन हो जाने पर धीरे-धीरे सिर को

हंसासन

नीचे ले जाकर नाक का भूमि से स्पर्श कराने का अभ्यास कर सकते हैं।

इस आसन से भुजाओं की पेशियां मजबूत होती हैं, चेहरा तेजस्वी बनता है। शरीर में स्फूर्ति पैदा होती है। नाड़ी तन्त्र ठीक चलता है।

17. जानुशिरासन

प्रथम जमीन पर बैठकर टांगों को मिलाकर रखें, फिर किसी एक पांव को हाथ से लेकर उसकी एडी को गुदा और अंडकोष के मध्य 'सीवनी' से लगाएं और फैली हुई टांग को जांघ से लगाएं। अब प्राणायाम को पूरक क्रिया करके रेचक कर दें और पेट को नाभि प्रदेश के अन्दर लेकर दोनों हाथों को सीधा

रखें। पैरों को कैंची बनाकर पकड़ें और सिर को झुकाकर उस टांग को र्स्पश करें। इस अवस्था में प्राणायाम की कुम्भक स्थिति कायम रखें। थकने पर धीरे-धीरे सिर को ऊपर उठाकर सीधे बैठ जाने पर पूरक और रेचक करें। क्रमशः पैर बदल सकते हैं।

इस आसन में गुदा, गुप्तेन्द्रिय, अपान को ऊपर खींचने से असाधारण लाभ मिलता है।

जिगर रोग, खांसी, दमा, टी. बी., पेटरोग, गठिया आदि रोगों से निजात मिलती है। मुक्ति और आयु की वृद्धि होती है। वीर्य रक्षा होती है। स्त्रियां न करें।

18. पर्वतासन

पद्मासन लगाइए, फिर श्वास गहरी खींचकर गुदा संकोच करके, दोनों हाथों को ऊपर आकाश की ओर हथेली खोलकर सीधे उठाकर खींचें और

पर्वतासन

श्वास को रोके रहें। जब सांस न रोक सकें तो धीरे-धीर श्वास निकाल दें और हाथ घुटनों पर ले आयें।

दूसरी बार करें टांग बदल भी सकते हैं।

इस आसन से शरीर चुस्त और बलवान बनता है। छाती बढ़ती है। हृदय मजबूत होता है। फेफड़े मजबूत होते हैं। श्वास, दमा, आदि रोग नहीं होते। स्त्रियां भी कर सकती हैं।

19. वज्रासन

जमीन पर घुटने टिकाकर, पांव पीछे करके, नितम्ब पैरों के तलुओं पर

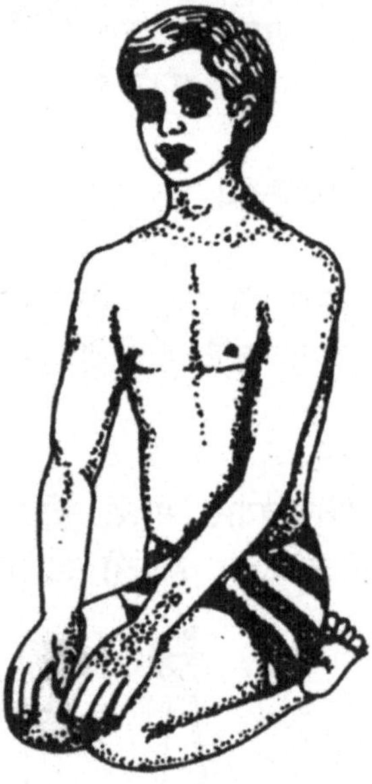

वज्रासन

टिकाकर बैठ जायें। दोनों हाथों की कोहनियों को बिना मोड़े, हथेलियों को जमीन की ओर करके घुटनों पर रखें। दृष्टि सामने स्थिर रखें।

इस आसन से आयु बढ़ती है, नेत्र-ज्योति बढ़ती है, वीर्य-शक्ति ऊर्ध्वगामी होती है, शरीर वज्र जैसा बनता है। शरीर विराग और सुन्दर रहता है। मन का संयम सरल हो जाता है।

20. संकोचासन

प्रथम सर्वांगासन की स्थिति में आएं और फिर ऊपर ही पद्मासन लगाकर, रेचक करके एक टांग के घुटने को नाक से छुआयें। फिर पूरक और रेचक करके दूसरा घुटना भी छुआयें। कठिनाई महसूस होने लगे तब पद्मासन छोड़कर लेट जायें, गहरी-गहरी सांसें लें।

इस आसन से सारे शरीर का व्यायाम होता है। श्वास क्रिया ठीक होती है, आयु बढ़ती है, यौवन स्थिर रहता है। पेट, छाती और कमर रोग नहीं होते। शरीर बलिष्ठ बनता है।

6. आसन करते समय ध्यान देने योग्य बातें।

योग के प्रारम्भिक अंग–'यम' और 'नियम, का प्रत्येक समय, चलते-फिरते भी अनुष्ठान किया जा सकता है। किन्तु आसन के लिए तो एक ही स्थान पर समय देकर करना आवश्यक है।

प्रारम्भिक अंग 'यम' 'नियम' पर हठयोगी अलग से जोर भी नहीं देते हैं। वे 'षटकर्मों' पर जोर देते हैं। हठयोग की विशेष क्रियाएं 'षटकर्म' आसन तथा प्राणायाम हैं। बिना इनके हठयोग में सिद्ध होना संभव नहीं है।

'आसन' हठयोग में विशेष महत्त्व रखते हैं।

सामान्यजन भी जो योग साधनाओं में अधिक समय नहीं दे सकते, अपने दैनिक कार्य व्यवहारों को करते हुए भी आसनों द्वारा शरीर को निरोग, सुन्दर, स्वस्थ और दीर्घायु बना सकते हैं।

आसन करते समय निम्नलिखित बातों का ध्यान रखना चाहिए।

(क) आसन अभ्यास प्रातःकाल में करना सर्वोतम है। समय मिल सके तो शाम को भी करें।

(ख) पेट खाली और साफ होना चाहिए।

(ग) जिस स्थान पर आसन-प्राणायाम करें, वह साफ, शुद्ध, दुर्गन्ध और धूल-धुएं से रहित होना चाहिए। वहां शोर भी नहीं होना चाहिए।

(घ) कठिन रोगों और बुखार की दशा में आसन न करें। करें भी तो कोई बहुत हलका।

(ड.) गर्भवती स्त्रियां आसनों का अभ्यास न करें। वे कोई अत्यन्त हलका व्यायाम कर लें।

(च) शरीर पर लंगोट अवश्य हो। अन्य वस्त्र न हो तो अच्छा है। सर्दियों में अन्डरवियर-बनियान भी ऊपर से पहन सकते हैं।

(छ) बालक और वृद्ध कठिन आसनों के स्थान पर सरल करें। युवा लोग कठिन आसनों को प्रारंभ में न करें, जब अभ्यास होने लगे तब करें। दस-बारह वर्ष से कम वाले बालकों से आसन न करायें।

(ज) अभ्यास निरन्तर करें। नित्य, सही समय पर। बीच में अभ्यास छोड़ना अनुचित है।

(झ) जल्दबाजी न करें। किसी शिक्षक से सीख लें या खूब समझ लें।

(ञ) आसनों में यह भी ध्यान रहे कि जिस ओर का आसन किया है उससे

दूसरी ओर का अवश्य करें। जैसे आपने सर्वांगआसन किया है तो इसका उलटा भुजंगासन (सर्पासन) आदि भी करें।

(ट) जिनकी हड्डी टूटने पर जोड़ी गई है, वे ध्यान रखें कि उस अंग का आसन न करें। हड्डी पर जोर नहीं पड़ना चाहिए, पुनः टूटने का भय रहता है।

(ठ) समतल भूमि पर कम्बल, दरी या मृगछाला बिछाकर आसन करें। कोई अन्य कपड़ा भी बिछा सकते हैं। सिर या नाभि स्थान पर शरीर का वजन जिन आसनों में रहता है, उनमें कपड़े की गद्दी सिर या नाभि के नीचे अवश्य रख लें।

(ड) ब्रह्मचर्य और सात्त्विक आहार विशेष रूप से लाभकारी है।

7. हठयोग एंव षट्कर्म

कुछ योगाचार्य 'हठयोग' के लिए यम-नियम को आवश्यक नहीं मानते हैं। योग के लिए जो आठ अंग हैं—उनमें यम और नियम आवश्यक हैं। वास्तव में हठयोगी को भी यम-नियम का पालन अच्छा ही है बुरा नहीं।

हठयोग के कई योगाचार्य ने सात अंग बताये हैं।

1. षटकर्म
2. आसन
3. मुद्रा
4. प्रत्याहार
5. प्राणायाम ?
6. ध्यान
7. समाधि

1. षटकर्म या षट्साधन

षट्कर्म या षट्साधनों के विषय में भी जान लेना चाहिए। ये छः साधन इस प्रकार हैं:

धौतिर्वास्तिस्तथा नेति नौकिकी त्राटकं तथा।
कपालभातिचैतानि षट् कर्माणि समाचरेत।।

अर्थात—धौति, वस्ति, नेति, नौलि, त्राटक और कपालभाति यह षटकर्म हैं। इनका आचरण करना चाहिए।

2. आसन

'आसन' के विषय में विस्तार से पीछे लिख आए हैं।

3. मुद्रा

हठयोग का तीसरा अंग 'मुद्रा' है। मुद्राएं भी अनेक हैं।

मुख्य मुद्राएं निम्न प्रकार हैं। महामुद्रा महाबन्धो महावेधश्च खेचरी।।

उड्डीयानं मूल बन्धश्च बन्धो जालन्धराभिधः।।
करणो विपरीताख्या वाज्रोली शक्ति चालनम्।

इदं हि मुद्रा दशकर्म जरा मरण नाशनम्।।
आदिना थोदितं दिव्यमष्टैश्वर्य प्रदायकम्।।
वल्लभै सर्वसिद्धानां दुर्लभं मरुतामपि।।

उपर्युक्त श्लोक 'हठयोग प्रदीपिका' से हैं। इनके अनुसार मुद्राएं इस प्रकार है—

1. महामुद्रा
2. महाबन्ध
3. महाबेध
4. खेचरी
5. उड्डीयान बन्ध
6. मूलबन्ध
7. जालन्धरबन्ध
8. विपरीत करणी
9. वज्रोली
10. शक्तिचालिनी

यह दश मुद्राएं प्रमुख हैं, जो वृद्धावस्था व मृत्यु को नष्ट करने वाली हैं। यह मुद्राएं योगीश्वर आदिनाथ द्वारा कहे हुए आठ दिव्य ऐश्वर्यों को प्रदान करती हैं। वे सभी दिव्य सिद्धियां सिद्धों को प्रिय तथा देवताओं को दुर्लभ हैं।

यह मुद्राएं योगी के शरीर को स्वस्थ और निरोग रखती हुई योग के विभिन्न अंगों की सिद्धि में अत्यन्त सहायक होने के कारण भी बहुत उपयोगी हैं।

4. प्रत्याहार

यह 'हठयोग' में चौथे स्थान पर आता है। इसके अभ्यास से बहिर्मुखी इन्द्रियों का अपने-अपने विषयों से हटाकर अन्तर्मुखी बनाया जाता है।

'हठयोग' ग्रंथों में इसका विशेष वर्णन मिलता है।

'गोरक्ष सहित' के अनुसार—

अंग मध्यो यथांगान् कूर्मः संकोचयेद् ध्रुवम्।
योगी प्रत्याहारे देवमिन्द्रियाणि तथात्मनि।।

अर्थात् जैसे कछुआ अपने अंगों को समेटकर अपने ही अंग विशेष में छिपा लेता है, वैसे ही योगी भी प्रत्याहार के अभ्यास से इन्द्रियों को उनके विषयों से हटाकर आत्मा में लीन कर लेता है।

5. प्राणायाम

'हठयोग का पांचवां अंग है प्राणायाम। 'राजयोग' में यह प्रत्याहार से पहले सिद्ध किया जाता है।

प्राणायाम के विषय में इस पुस्तक में हम विस्तार से लिखेंगे।

यहां इतना ही समझ लेना पर्याप्त है कि प्राणों का संयम ही प्राणायाम है।

6. ध्यान

हठयोग का छठा अंग ध्यान है। हठयोग प्रदीपिका के अनुसार ध्यान के दो भेद हैं–

1. स्थूल
2. सूक्ष्म

स्थूल ध्यान उसे कहते हैं जब साधक किसी चित्र, मूर्ति या आकृति में तन्मय चित्त होता है।

स्थूल में ध्यान सिद्ध होने पर सूक्ष्म की ओर बढ़ते हैं। हृदयस्थ आत्मा तेजोमय है। आत्मा ध्यान ही ज्योतिर्ध्यान है।

7. समाधि

हठयोगी का भी अन्तिम अंग समाधि है। सभी प्रकार के योगों में यह अंतिम अंग के रूप में स्वीकार्य है। क्योंकि समाधि से ऊपर किसी भी क्रिया की गति नहीं है। इसमें ध्येय की ही प्रतीति होती है। चित्त का अपना रूप शून्य होता है। साधक को अपना भी ध्यान नहीं रहता।

8. षटकर्म साधना

षटकर्म अर्थात जो छः साधन 'हठयोग' के प्रथम अंग के रूप में स्वीकार किए जाते हैं, उनके विषय में विस्तार से जान लेना भी आवश्यक है।

प्रत्येक 'कार्य' के विषय में अलग-अलग लिखना हम उचित समझते हैं। क्योंकि इनके बिना तो 'हठयोग' की साधना संभव ही नहीं है।

1. धौतिकर्म

कोमल (मुलायम) तथा बारीक मलमल वस्त्र में से चार अंगुल चौड़ी और लगभग सात मीटर लम्बी पट्टी बना लें। इसे सर्दियों में केवल गर्म जल या थोड़े दूध और चीनी मिले जल में भिगो दें अब उत्कट आसन में (उकड़ूं) बैठकर जल पात्र में भीगी वह पट्टी लें उसका एक सिरा मुख खोलकर कंठ में डालें और सीधे हाथ की मध्यमा और अनामिका अंगुलियों को मिलाकर इनके सहारे कंठ में धकेलें।

यह दूध मिला जल एक-दो घूंट पीकर धौति (पट्टी) का एक-एक ग्रास के रूप में निगलने का यत्न करें। यदि उल्टी आ जाए तो दो-एक मिनट ठहर कर गर्म जल के सहारे पूर्ववत् फिर निगलने का यत्न करें। किसी को दो-चार दिन में सफलता मिल जाती है तो किसी को बहुत जल्दी। जल्दी न करें और न निराश हों। एक बार दो-तीन फिट भी कंठ से नीचे उतर गयी तो फिर कोई कठिनाई नहीं आती।

सर्दियों में कुछ उष्ण जल धौति के साथ दो-दो घूंट के रूप में पीते रहने से धौति अन्दर जाते तथा बाहर आते समय कंठ में उलझती नहीं है। यदि कभी असावधानी से उलझ जाये तो गर्म जल से अन्दर कर लें या उल्टी करके बाहर निकाल दें। अभ्यास हो जाने पर फिर जल पीने की आवश्यकता नहीं पड़ती। जब अभ्यास हो जाये तो धौति करके नौलि घुमाकर फिर धौति को बाहर निकाल दिया करें।

धौति एक सिरे में लगभग एक हाथ छोड़कर गांठ लगा ले और यह सिरा बाहर रखें।

जब तक अभ्यास दृढ़ न हो तब तक कास्टर ऑयल, घी आदि का प्रयोग कर सकते हैं। इससे धौति सरलता पूर्वक अन्दर-बाहर चलायी जा सकती है।

जब तक अभ्यास न हो जाये नित्य करें। फिर आवश्यकतानुसार कर लिया करें।

प्रयोग के बाद धौति को गर्म जल से कई बार साफ धोकर सुखाकर तह करके या पट्टी की भांति गोल लपेटकर रख दें।

'हठयोग' साधक नित्य करता रहे। अन्य लोग आवश्यकतानुसार या ऋतु

प्रिवर्तन पर किया करें।

'हठयोग प्रदीपिका' के अनुसार धौति क्रिया से खांसी, श्वास, दमा, जिगर-तिल्ली रोग, कोढ़ तथा कफ सम्बन्धी रोग, जुकाम, पित्तरोग आदि से बचा जा सकता है तथा ये रोग हैं तो नष्ट हो जाते हैं।

2. वस्तिकर्म

गुदा द्वार से जल खींचकर आंतों को नौलि के द्वारा धोकर इस जल को पुनः गुदा द्वार से निकाल देना वस्ति क्रिया है।

किसी बड़ी नांद या हौदी में शुद्ध जल भरकर, इसमें उत्कष्ट आसन में (पंजों के बल) बैठें। किसी धातु—चांदी, पीतल या लोहे की अथवा नरसल या लकड़ी की बनी इतनी मोटी नली जो गुदा में सरलता से आ जाये, लगाकर नौलि उठाकर आकुंचन करें। इससे जल आंतों में पहुंचने लगेगा। जल उचित मात्रा में चढ़ाकर बाहर निकाले और नौलि को दाएं-बाएं घुमायें फिर बाईं ओर को घुमाते हुए आंतों का जल गुदा द्वार से बाहर निकाल दें।

नलकी चार-पांच इंच लम्बी और मोटाई में इतनी हो कि एक ओर सूराख में छोटी अंगुली तथा दूसरी ओर बीच वाली अंगुली जा सके। लगभग दो इंच पतली ओर से छोड़कर डेढ़-दो इंच व्यास का छल्ला लगवा देना चाहिए जिससे नली गुदा में ऊपर न जा सके। पतला सिरा गुदा में चढ़ाकर गुदा से पकड़ कर वस्ति द्वारा जल खींचें। टब में जल इतना भरें कि बैठने पर नाभि तक जल आये।

यह क्रिया साफ स्वच्छ जल में करें। नदी या तालाब में करनी पड़े तो जल देख लें। वहां कीड़े या जोंक हो सकती हैं। अच्छा तो यही है कि टब में करें।

नली से अभ्यास हो जाने पर अंगुली से भी और अभ्यास दृढ़ होने पर अपान से ही जल खींचा जा सकता है।

'ऐनीमा' भी यही चीज है।

वस्ति क्रिया से वायु रोग, जलोदर, वातपित्त दोष, कफ सम्बन्धी रोग तथा धातु दोष दूर होते हैं, मन संयभित होता है, सभी मल दूर होकर चित्त प्रसन्न होता है। प्रवृत्ति सात्त्विक होती है। कब्ज दूर, भूख-वृद्धि और अपान शुद्धि होती है।

शरीर वश में और सुन्दर बनता है।

3. नेतिकर्म

एक हाथ लम्बा, सवा इंच चौड़ा मलमल का टुकड़ा लेकर चौड़ाई की ओर से इसे फाड़ें और आधी लम्बाई तक फाड़कर इस फटे भाग को रस्सी के समान बट लें। अब किसी छोटी कटोरी में मधु के छत्ते से बना शुद्ध मोम डालकर पिघला लें। इसमें रस्सी जैसा बटा हुआ भाग डालकर भिगो लें फिर

इसे निकालकर अंगुलियों से मोम लगे भाग पर फेर कर सम कर लें जिससे किसी भाग में मोम अधिक लगा रह कर कहीं से छील न दे। मोम लगे भाग की थोड़ी नोक-सी बना लें जिससे नाक में सरलता से नेति प्रविष्ट हो सके।

इस नेति को पानी में (गिलास) भिगोकर सामने रख लें। ध्यान रहे, मोम वाला हिस्सा कहीं से मुड़कर टूट-सा न जाये। अब मोम वाले हिस्से को अंगुलियों में दबाकर जिस ओर सांस आ-जा रहा हो उस नथुने में शनैः शनैः प्रविष्ट करें। छींक आने पर निकाल लें। दोबारा प्रविष्ट करायें। इस प्रकार प्रथम बार में तीन-चार अंगुल प्रविष्ट करके छोड़ दें और शनैः-शनैः इसी प्रकार जब नेति कंठ तक पहुंचने लगे तब दाएं हाथ की तर्जनी और बीच वाली अंगुलियां कंठ में डालकर कंठ में गयी नेति को इनसे पकड़कर मुख से बाहर निकालने का प्रयत्न करें। मुख से निकालते समय नासिका से बाहर निकले भाग को बाएं हस्त के अंगूठे और अंगुलि से पकड़कर नाक के अन्दर धीरे-धीरे धकेलते जाएं। दाएं हाथ से मुख से बाहर निकालते रहें। इसी प्रकार दूसरे नथुने से भी अभ्यास करें।

इन क्रियाओं में शीघ्रता नहीं करनी चाहिए।

जल्दी में कष्ट भी होता है और नाक में रगड़ भी लग सकती है।

अभ्यास खूब हो जाने पर नेति को बाहर-भीतर खींच सकते हैं। कोमलता से धीरे-धीरे चलाना चाहिए।

नेति क्रिया कपाल को शुद्ध करती है, नाक व कंठ के मल को निकालती है, जुकाम नहीं होने देती, नजले को कंठ में गिरने से रोकती है, सिर दर्द दूर करती है, दृष्टि को बढ़ाती है, मोतिया बिंद नहीं होता तथा कंधों से ऊपर के सब रोग दूर होते हैं।

4. त्राटक

किसी निश्चित स्थान या वस्तु पर नेत्र तथा ध्यान को स्थिर करने को त्राटक कहते हैं। 'सिद्धासन' या अन्य किसी में सुखपूर्वक बैठकर किसी वस्तु, चिह्न या दीपक पर दृष्टि जमा लें।

इसके लिए आप एक कागज पर मटर के दाने के बराबर काला बिन्दु बनाकर लगभग दो-ढाई गज की दूरी पर दीवार पर टांगकर उस पर अपलक, ध्यान केन्द्रित कर सकते हैं।

दीपक की लौ पर भी ध्यान और दृष्टि केन्द्रित कर सकते हैं।

जब आंखों में जलन होने लगे तो आंखें मूंद लें और शान्त बैठ जाएं।

दृष्टि और ध्यान एक साथ उसी वस्तु पर रहें। त्राटक का समय बढ़ाते रहें। संकल्प-विकल्प न उठने दें। शक्ति के अनुसार कई घंटे भी त्राटक को बढ़ाया जा सकता है।

त्राटक से शाम्भवी मुद्रा सिद्ध होती है।

नेत्र रोग नष्ट होकर दृष्टि तीव्र होती है। इच्छा शक्ति बढ़ती है। नेत्रों की शक्ति इतनी बढ़ जाती है कि दिन में तारे भी दीख सकते हैं। दूसरे लोग

दृष्टि पात से ही आकर्षित हो जाते हैं। बाह्य धारणा और बाह्य ध्यान का बल बढ़ जाता हैं। मानसिक शक्ति भी बढ़ती है।

'हठयोग' में त्राटक से ही शीघ्र सफलता मिलती है।

5. नौलिकर्म

भूमि पर खड़े हो जाइए। पैरों में एक-डेढ़ फीट का अन्तर रहे। सामने कुछ झुककर दोनों हथेलियां दोनों घुटनों पर रखकर रेचक करके 'उड्डियान' करें। मनोबल से तथा आभ्यन्तरिक कुशलता से अपान प्राण को धकेल-धकेल के उदर में नाभि के सामने अंतड़ियों को खड़ी कर लें फिर खड़ी हुई अंतड़ियों को एक पार्श्व में घुमाने का प्रयत्न करें। फिर इसी प्रकार दूसरे पार्श्व में घुमाएं। इस क्रिया को करते समय बाह्य कुम्भक अवश्य करना चाहिए। इसके बिना नौलि को घुमाना कठिन है। नौलि बाह्य कुम्भक से उठाकर शीघ्र घुमाई जा सकती है।

मोटे व्यक्तियों के लिए यह कठिन है। वस्तिकर्म भी इस नौलि क्रिया के बिना सिद्ध नहीं होता है।

इस क्रिया से पाचन क्रिया तेज होती है, प्रसन्नता लाती है, चर्बी छंटती है, कब्ज नहीं रहता, आंतों के विकार दूर होते हैं, पेट में दर्द नहीं होता, फुर्ती, शक्ति बढ़ती है, जिगर रोग नहीं होने पाते।

6. कपालभाति

किसी आसन में बैठकर किसी एक नथुने से वायु अन्दर भरें और बिना कुम्भक किये दूसरी ओर से शीघ्रता से निकाल दें। लुहार की धौंकनी की भांति केवल रेचक-पूरक प्राणायाम करें।

जब एक नथुने से सांस लें तो दूसरा बन्द कर लें। अंगूठे का प्रयोग करें। अंगूठे से एक नथुना बंद करके दूसरे से श्वास अन्दर खींचें और जब छोड़ें तब भी दूसरे को अंगूठे से बंद रखें। यही कपालभाति है।

इससे नाड़ी शुद्धि होती है। शारीरिक और मानसिक शक्ति बढ़ती है। कफ विकार दूर होते हैं।

कुंडलिनी जागरण में यह क्रिया सहायक है।

यह वास्तव में नाड़ी शुद्धि करने वाला पूरक-रेचक प्राणायाम ही है। ध्यान और धारणाा में इससे बल मिलता है।

इन 'षटकर्म' या हठयोग की छः क्रियाओं के अतिरिक्त योगाचार्यों ने कई अन्य उत्तम क्रियाएं भी 'हठयोग' में सहायक बतलायी हैं।

जैसे—जलनेति, ब्रह्मदातन, गजकरणी, पबनवस्ति, अग्निसार, वारिसार धौति, शंख प्रक्षालन क्रिया।

इनमें जलनेति, ब्रह्मदातन और वारिसार धौति क्रिया विशेष उल्लेखनीय है। शंख प्रक्षालन क्रिया भी लाभप्रद है।

7. जलनेति

टूंटी वाले लोटे या कमंडल में पानी लेकर नाक में डालें और मुख से निकालते रहें।

टूंटी या बर्तन का मुख नाक से लगाकर जल नाक में खींचते रहें मुंह को खोल दें, जल निकलता रहेगा। नथुने बदलते रहें। अभ्यास हो जाने पर चुल्लू में लेकर भी नाक से जल खींच सकते हैं।

दूसरा तरीका इसका यह है कि जल, दूध या घी को नाक से पीते जायें। मुंह बन्द रखें।

तीसरा तरीका यह है कि थोड़ा नमक मिला जल बर्तन में भर लें। मुख बन्द करके पात्र का मुख नाक के साथ लगाकर जल डालते जायें, मुंह एक दिशा में झुका लें। जल एक नथुने से दूसरे में निकलता जायेगा। जिस नथुने में कमंडल या लोटे की नली या टूंटी लगी है उसमें जल के साथ वायु न जाने दें। बिना नमक भी कर सकते हैं।

सिर दर्द, जुकाम, नजला, कफ-दोष दूर हो जाते हैं। कफ और पित्त के कारण बढ़ा हुआ छाती का दर्द भी जाता रहता है।

आंखों के रोग, मस्तक के रोग निवारणार्थ जलनेति अति उत्तम है।

जलनेति प्रातः निराहार ही करें। जैसी जरूरत हो, जल गर्म या ठंडा लें सकते हैं।

2. ब्रह्मदातन

सूत के धागों से बंटी, कनिष्ठिका अंगुली जितनी मोटी डोरी लें। इसके एक सिरे पर अंगुली फंसाने योग्य रस्सी का छल्ला बना लेते हैं।

शुद्ध मोम किसी बर्तन में पिघलाकर, उसमें इस डोरी को भिगोकर हाथ से मसलकर चिकना कर लें। छल्ले के विपरीत वाला सिरा लगभग आधा इंच बिना मोमकर रखते हैं जिससे यह अन्दर जाते हुए कष्ट न दे।

यह 'ब्रह्मदातन' है। केले के पत्ते के मध्य भाग, बट वृक्ष की दाढ़ी या बबूल की कोमल शाखा से भी नित्य नई बना सकते हैं। यह नई बनानी पड़ती है। सूत वाली धोकर रख लेते हैं।

प्रातः। शौच से निवृत्त होकर शीतल जल से भिगोकर खड़े होकर या उत्कटासन में बैठकर इस दातन का कोमल सिरा मुख से कण्ठ में नीचे उतारते हैं। उल्टी या खांसी और आंखों से पानी भी आयेगा। तब भी घबरायें नहीं। इसे अन्दर ले जाने का यत्न धीरे-धीरे करते रहें। जब चार-छः अंगुल अन्दर जाने लगे तब पांच-छः दिनों में एक हाथ भी अन्दर चली जाएगी। इसे नाभि के आसपास धीरे-धीरे घुमायें। फिर धीरे से ही छल्ले से पकड़कर बाहर खींच लें। धोकर साफ करें और खूंटी पर रख दें।

यह अम्ल, पित्त, कफ विकारों को दूर करता है, दृष्टि शक्ति बढ़ती है। जुकाम से बचाती है। पाचन शक्ति बढ़ती है।

3. वारिसार धौति

रबर की डेढ़ हाथ लम्बी और पौन इंच मोटी, पोली नलकी लें। उसे गर्म पानी में डुबोकर रख लें।

फिर दो-ढाई लीटर शीतोष्ण जल पी जायें।

उस साफ-स्वच्छ नली को मुंह से कण्ठ में डालते जायें। प्रारम्भ में कठिनाई आयेगी। अभ्यास से ठीक हो जायेगा।

नली पेट में जाने लगेगी।

ऐसा होने लगे तब नाभि से पेट पिचका कर पानी उस नली में से निकाल दें। पेट का सारा पानी नली के द्वारा बाहर आ जायेगा।

पश्चात् नलिका को साफ करके रख दें।

यह क्रिया महीने में दो-तीन बार करते रहने से बहुत लाभ होता है।

कब्ज, अपच, पित्त, अम्ल, जुकाम, खांसी, सफेद कोढ़, स्नायु शूल आदि रोगों में लाभ होता है। यह क्रिया भोजन नली को साफ रखती है, पाचन क्रिया को दुरुस्त करती है और रोगाणुओं का नाश करके शरीर को स्वस्थ रखती है।

4. शंखप्रक्षालन क्रिया

प्रातःकाल चारपाई से उठकर शौच से पूर्व लगभग डेढ़ किलो जल गर्म करें। इससे पूर्व मुंह-हाथ धो लें। गर्म हो जाने पर पानी में दो तोले नमक मिला दें। इसके बाद दो नींबू काटकर उसमें निचोड़ लें और अच्छी तरह मिला लें। फिर गर्म-गर्म ही एक साथ सारा जल पी जायें। जल पी लेने के बाद, तुरन्त पांच आसन—पहले सर्पासन, दूसरा द्विपार्श्वासन, तीसरा पवन मुक्तासन, चौथा विपरीतकरण आसन, और पांचवां हस्तपादासन, क्रमशः कर डालें। इन पांचों को तीन-तीन बार करें। जब मल का जोर होने लगे तो तुरन्त पाखाने चले जायें। जब तक मल वेग से न आये आसन दोहराते रहें।

प्रथम बार मल खुलकर आयेगा। फिर शौच से निवृत्त होकर पुनः तीन पाव गर्म जल, जिसमें कुछ नमक हो, पी जायें। आसन दोहराते रहें। दो तीन बार दोहराने से ही मलवेग पुनः आयेगा। अबकी बार पतला दस्त अर्थात मल के साथ पानी आयेगा।

इसी प्रकार फिर शौच से निबट कर गर्म जल पी लें। आसन दोहरायें।

इस प्रकार पांच-छः बार दस्त हो जाने पर जब सफेद पानी-ही-पानी निकलने लगे तब समझो कि आंतें साफ हो गईं।

इसके बाद पेट साफ करने के लिए पानी पीकर वारिसार धौति या कुंजर क्रिया से पानी को निकाल दें।

इस क्रिया से निवृत्त होकर आधे घंटे के बाद शीतल जल से स्नान करें फिर डेढ़ घंटे बाद खिचड़ी या दलिया में थोड़ा घी मिलाकर खा लें।

आंतों में ही रोग के कीटाणु पनपते हैं। स्वास्थ्य चाहने वालों को पन्द्रह दिनों में यह क्रिया कर लेना चाहिए। आंतों में गले सड़े मल विकार साफ-शुद्ध हो जाते हैं। पेट के अनेक रोग दूर हो जाते हैं।

उपर्युक्त सारी क्रियाएं शरीर को निरोग और निर्मल करती हैं।

शरीर प्राणायाम तथा आसन करने के योग्य होता है।

योग की अन्य क्रियाएं करने के लिए शरीर योग्य बनता है। और धारणा, ध्यान और समाधि में लाभ मिलता है।

9. मुद्राएं

मुद्राएं अनेक प्रकार की हैं परन्तु हठयोग के प्रमुख आचार्यों और हठयोग प्रदीपिका के अनुसार प्रमुख मुद्राएं दस हैं। इन मुद्राओं से कुण्डलिनी जागरण में सहायता मिलती है। इनसे चक्रों का बेधन करके कुण्डलिनी शक्ति मस्तिष्क की ओर बढ़ती चली जाती है।

1. महामुद्रा

टांगें सामने फैलाकर बैठ जायें और बायां पैर मोड़कर एड़ी को गुदा और उपस्थ के मध्य दृढ़ता से जमा दें। अब आगे झुककर पसारे हुए पांव (दायें) के पंजे को दोनों हाथों की हथेलियों से पकड़ लें फिर पूरक विधि से श्वास अन्दर भरकर, मूल तथा जालंधर बन्ध लगाकर यथाशक्ति बैठे रहें। कहीं पर तीनों बन्ध लगाने का विधान भी है। रेचक के समय प्राण को धीरे-धीरे बाहर निकालें।

इसके बाद दूसरे पैर से इसी प्रकार करें। दोनों ओर से कई-कई बार कर लें।

महामुद्रा के लाभ 'घेरण्ड संहिता' के इस श्लोक में इस प्रकार हैं—

क्षयकासं गुदावर्त प्लीहां जीर्णज्वरं तथा।
नाशयेत् सर्वरोगांश्च महामुद्रानिषेवणात्।।

अर्थात् महामुद्रा के सेवन से क्षय से उत्पन्न खांसी, गुदा के आस-पास फोड़े फुंसी, बवासीर, बढ़ी तिल्ली और पुराना बुखार आदि रोग नष्ट हो जाते हैं।

गोरक्ष संहिता के अनुसार—

"क्षय, कुष्ठ, गुदावर्त, गुल्म, अजीर्ण आदि पेट रोग तथा प्रमेह आदि भी महामुद्रा के अभ्यास से नष्ट होते हैं, इसके दीर्घकाल अभ्यास से सुषुम्ना में प्राण का प्रवेश तथा प्राण का ऊर्ध्वगमन और कुण्डलिनी की जागृति होने लगती है।"

यह सदा ध्यान रहे कि महामुद्रा में बायें और दायें से करते समय प्राणायाम को रेचक-पूरक क्रियाएं समान संख्या में हों।

2. महाबन्ध

बायें पैर की एड़ी मुद्रा और लिंग के मध्य भाग में दृढ़ता से जमायें और दायें पैर को बाईं जांघ पर रख लें। अब पूरक करके जालन्धर बन्ध लगा दें।

यथाशक्त कुम्भक रखकर धीरे-धीरे रेचक करें। रेचक—पूरक बायें-दायें समान संख्या में हो।

कुण्डलिनी को यह शीघ्र जगा देता है। प्राण का प्रवेश मूलाधार चक्र में शीघ्र होने लगता है। चक्र बेधन का मार्ग खुल जाता है।

3. महाबेध

महाबंध मुद्रा में स्थित होकर पूरक करके कुम्भक कर लें, अब तीनों बन्ध लगाकर, दोनों हथेलियां भूमि पर दायें-बायें ओर रखकर, बायें पैर सहित शरीर को इन पर उठा लें। अब एड़ी पर पुनः-पुनः सीवन प्रदेश (गुदा व इन्द्रिय का मध्य भाग) का ताड़न करें। दूसरा यह तरीका है कि पद्मासन लगाकर पूरक सहित कुम्भक करके भूमि से उठाकर मूलाधार को पुनः-पुनः ताड़न करें। पद्मासन लगाकर करना ही उत्तम है।

गोरक्ष संहिता के अनुसार—इसके अभ्यास से अनेक सिद्धियां प्राप्त होती हैं। वृद्धावस्था में भी शरीर पर कहीं झुर्रियां नहीं पड़तीं, बाल सफेद नहीं होते, अंग नहीं कांपते, शरीर मुड़ता नहीं, पाचन क्रिया तेज रहती है, प्राण सूक्ष्म होकर सुषुम्ना में गमन करने लगता है। इड़ा-पिंगला नाड़ियों में प्राण संचार से समाधि लग जाती है। शरीर निश्चेष्ट होकर मृतवत हो जाता है।

4. खेचरीमुद्रा

उत्कट आसन (जैसे शौच करते हैं) बैठकर जीभ को जबड़े से जोड़ने वाले पतले तन्तु की जड़ पर जीभ उठाकर, धार बनाए सेंधा नमक की डली से रगड़ें तथा नित्य प्रातःकाल ही जीभ को दोनों हाथों के अंगूठे और तर्जनी से दोनों पार्श्वों से गाय के दोहने के समान ही दोहन कर्म करें। पश्चात् त्रिफला का चूर्ण लगाकर मलते रहें। कपड़े से भी दोहन किया जाता है।

यह क्रिया नित्य करें।

इसे तब तक करते रहें जब तक जीभ लम्बी होकर पहले नाक, फिर भौं के बीच तथा फिर मस्तक तक न लगने लगे। कुछ लोग ब्लेड आदि से जीभ के नीचे के तन्तु का छेदन करते और करवाते हैं, यह अनुचित है। इसमें खतरा हो सकता है। खेचरी का प्रथम तरीका ही निरापद है।

कभी जल्दबाजी न करें।

छः मास भी लग सकते हैं।

एक-एक बाल भर नित्य करना चाहिए।

क्रिया पूर्ण होने पर, जब जीभ इतनी लम्बी हो जाये कि कपाल कुहर तक पहुंचने लगे, जीभ दोहन के बाद पद्मासन आदि जो आसन आपका सिद्ध है, उसमें बैठकर भजन-ध्यान से पूर्व, जीभ को कण्ठ के अन्दर कपाल को जाने वाले छिद्र में उलटकर प्रविष्ट करने का प्रयास करें। सुबह-शाम यह करें।

यहां जीभ प्रविष्ट हो जाने पर इड़ा-पिंगला और सुषुम्ना के खुले द्वार बंद हो जाते हैं और कपाल से ब्रह्मरंध्र से टपकने वाला रस (समाधि जैसी स्थिति

में) इस स्थिति में जिह्वा के अग्र भाग पर टपकता है।

'हठयोग' में इसे अमृतपान करना कहते हैं।

'हठयोग' के योगाचार्य कहते हैं–

"ऊर्ध्वजिह्वः स्थिरो भूत्वा सोमपानं करोति यः।
मासार्धेन न सन्देहो मृत्यं जयति योगवित।"

अर्थात् खेचरी मुद्रा का साधक 'सोमपान' के अभ्यास से पन्द्रह दिन में मृत्यु को वश में करने योग्य बन जाता है। साथ ही इसके अभ्यासों को तन्द्रा, निन्द्रा, आलस्य, भूख-प्यास आदि द्वन्द्व अधिक बाधा नहीं देते। मन स्थिर और शान्त होता है, गम्भीरता आती है, ध्यान समाधि के लिए यह खेचरी सहायक है।

5. विपरीतकरणी-मुद्रा

दोनों हथेलियां और सिर भूमि पर बिछाए गद्दे या अन्य किसी कपड़े पर रखकर शरीर को उलटा खड़ा करते हैं–शीर्षासन की भांति। इस स्थिति में यथाशक्ति रहते हैं।

दूसरी विधि सर्वांगासन की भांति है। भूमि पर लेटकर, हाथों में कमर को पकड़कर शरीर को ऊपर उठाते हैं, इसमें टांग आदि शरीर ऊपर उठा रहता है और केवल सिर, गर्दन और कंधे टिके रहते हैं। जालन्धर बन्ध लगाकर दृष्टि पैर के अंगूठों पर स्थिर कर दें।

'हठयोग' प्रदीपिका के अनुसार–

नित्यमभ्यासमुक्तस्य जठराग्नि विवर्धिनी।
आहारो बहुलस्तस्य सम्पाद्यः साधकस्य च।।
अल्पाहारी यदि भवेदग्निर्दहति तत्क्षणात्।
अधः शिरश्वोर्ध्व पादः क्षणं स्यात प्रथमे दिने।।

विपरीतकरणी के नित्य अभ्यास से पेट की जठराग्नि प्रदीप्त हो जाती है, भूख खूब लगती है, उचित मात्रा में भोजन करें अन्यथा बढ़ी हुई जठराग्नि देह के रसों का शोषण करने लगती है। नित्य थोड़ा-थोड़ा अभ्यास बढ़ाते जायें तब अधिक लाभप्रद होता है, बाल सफेद नहीं होते, शरीर स्वस्थ रहता है।

6. वज्रोलिमुद्रा

'केमिस्ट' की दुकान या मेडिकल स्टोर पर कैथेटर नाम की रबर की बनी एक विशेष नली मिलती है। यह नली उन लोगों के काम आती है जिनके पेशाब का बन्द लग जाता है।

आप यह चार-पांच नम्बर वाली, लगभग एक फीट लम्बी लें और उसके अग्रभाग में चार-छः अंगुल तक घी, बादाम रोगन, तिल का तेल या ग्लीसरीन लगाकर मूत्रेन्द्रिय के छिद्र में डालकर ऊपर मसाने की ओर प्रविष्ट कराते जायें, पहले दिन दो-तीन इंच ही ले जायें। प्रतिदिन दो इंच तक बढ़ाते जायें। जब पीड़ा अधिक हो, बाहर निकाल लें। इसका अभ्यास हो जाने पर फिर सात-आठ नम्बर तक की नलकी लेकर इसी प्रकार चढ़ाएं। अभ्यास हो जाने पर उत्कट आसन में बैठकर नौलि क्रिया से आंतों को उठाकर, मूलाधार को सिकोड़कर नली से बाहर की वायु को खींचें। जब इसका भी अभ्यास हो जाए तब बारह नम्बर के कैथेटर से अभ्यास करें। अब जल का पात्र लोटा-गिलास आदि भरकर, कैथेटर जल में डालकर, जल को खींचें। यह जल अन्दर पहुंच कर मूत्र को साथ लेकर बाहर निकल आता है।

जब रबड़ की इस नलिका से जल का आकर्षण भली प्रकार होने लगे, तब लोहे या चांदी के कैथेटर से जलाकर्षण का अभ्यास कर लें। इससे सुविधा रहती है।

जल के समान दूध, तेल का भी आकर्षण किया जा सकता है। ये द्रव पदार्थ मूत्राशय के सब मूत्र को साथ लेकर बाहर निकल आते हैं। इसे मूत्राशय वस्ति भी कहा जाता है।

योगी जब कई दिनों तक के लिए समाधि में बैठते हैं तो इसके पूर्व वज्रोलि के द्वारा मूत्राशय को, वस्ति के द्वारा आंतों को, गजकरणी के द्वारा आमाशय-पक्वाशय को धोते हैं, शुद्ध करते हैं, इससे शरीर में कोई विकार उत्पन्न नहीं होता।

वज्रोलि करने से मूत्र और वीर्य सम्बन्धी विकार स्वप्नदोष, प्रमेह, मूत्रकृच्छ, मधुमेह आदि नहीं होते हैं। वास्तविक लाभ यही है। किन्तु कुछ 'हठयोगी' कई घृणित बातें भी बताते हैं। वे ठीक नहीं है। वे लोग सम्भोग में स्त्री की योनि से इसी प्रकार खींचने की बातें करते हैं। यह अनुचित और त्याज्य है। ब्रह्मचर्य के विरुद्ध है।

7. शक्तिचालिनी मुद्रा

वज्रासन में बैठ जायें, दोनों नथुनों से पूरक करके, अन्दर अपान साथ मिला दें। अब प्रयत्न करें कि अन्दर वायु (प्राण) सुषुम्ना के अन्दर प्रवेश करने लगे। इसके लिए गुदा संकोच-विकास क्रिया करें। कभी अपान को खींचें कभी छोड़ें। इस क्रिया से प्राण का सुषुम्ना में प्रवेश हो सकता है। कुण्डलिनी शक्ति जाग उठती है।

द्वितीय विधि भी है।

इसमें सुखासन में (सामान्य पालथी में) बैठकर पांव को पकड़ कर उदर की ओर खींचें और नाभि के नीचे-मूत्रेन्द्रिय के ऊपर पीड़ित करें या दबायें। फिर शक्तिचालिनी मुद्रा से कुण्डलिनी को जगायें अर्थात पान-अपान के धक्के लगायें। गुदा संकोच-विकास जोर-जोर से करें। फिर वज्रासन लगाकर

भस्त्रा प्राणायाम करें।

इससे 'कुण्डलिनी जागरण' की सम्भावनाएं हैं।

8. उड्डियान बन्ध

जब उदर को सिकोड़कर नाभि को पीछे मेरु दण्ड के साथ लगाते हैं तो उसे उड्डियान बन्ध कहते हैं। प्राणायाम में यह काम आता है।

9. मूल बन्ध

गुदा सहित अण्डकोषों को दृढ़ता से ऊपर की ओर खींचते हैं। इससे मूलबन्ध होता है।

10. जालन्धरबन्ध

जब ठोड़ी को गले की हंसुली या गड्ढे पर लगाकर कंठद्वार को बन्द करते हैं तो उसे जालन्धर बन्ध कहते हैं। यह भी प्राणायाम में प्रयुक्त होता है।

उपर्युक्त मुद्राओं के अतिरिक्त भी हठयोग में कई मुद्राएं हैं।

इनमें शाम्भवी मुद्रा, योग मुद्रा, मातंगिनी, अश्विनी मुद्रा, योनि मुद्रा हैं। इनसे भी चूंकि हठयोग में विशेष लाभ होते हैं। राजयोग में लाभकारी सिद्ध हो सकती हैं।

अतः थोड़ा-थोड़ा वर्णन इनका भी कर देना हम उचित समझते हैं।

'हठयोग' के साधक लाभ उठायें। विस्तार से वे मुद्राएं निम्नलिखित हैं—

1. शाम्भवी मुद्रा—

आपने जो आसन अच्छी तरह सिद्ध किया है उसमें बैठकर, गर्दन सीधी करके, पलकों को बिना हिलाये, बिना हिले-डुले, अपलक देखें। किसी वस्तु पर दृष्टि न टिके। बल्कि पलकें खुली रहें, ध्यान अपने हृदय में अन्दर रखें। या फिर लक्ष्यहीन ध्यान हो। केवल आंखें खुली रहें। त्राटक का अभ्यासी इसे भली भांति कर सकता है। शाम्भवी मुद्रा की सिद्धि इसी में है कि खुली आंखें होने पर भी बाह्य पदार्थों को नहीं देखते।

शाम्भवी मुद्रा में मन, बुद्धि शांत होती है, योगी का ध्यान हृदय में प्रविष्ट होने लगता है। समाधि सिद्धि के साथ अन्तः करण के तत्त्वों का साक्षात्कार सुगम बन जाता है।

2. योग मुद्रा

बद्ध पद्मासन लगाकर रेचक करके बाह्य कुम्भक करके तीनों बन्ध लगायें, धीरे-धीरे मस्तक को आगे झुकाकर आगे लगा दें। वक्षस्थल जितना झुक सके, झुकाएं, इसी स्थिति में अधिक-से-अधिक रहें। पूरक करते समय सर को उठा लें पुनः रेचक पूर्वक बाह्य कुम्भक करते हुए पूर्व स्थिति में ठहरें—कई बार इसे दोहरा लें।

इससे शरीर स्वस्थ रहता है, नाड़ियां शुद्ध होती हैं, प्राणों की शक्ति में वृद्धि होती है, जठराग्नि प्रदीप्त होती है। धारणा, ध्यान और समाधि में लाभ होता है। अन्तःकरण पवित्र होता है।

3. मातंगिनी मुद्रा

जल में खड़े होकर किसी कमण्डल या टूटी वाले लोटे में जल लेकर नाक में डालें और मुंह से निकालें। इसके बाद मुंह में भर कर नाक से निकालें।

इससे कई लाभ हैं। नेत्रों और ब्रह्मरन्ध्र को तृप्ति, सिरदर्द, नेत्र रोग, नजला, जुकाम आदि रोग नहीं रहते, बाल सफेद नहीं होते, दृष्टि स्थिर रहती है, मुख पर तेज और कांति छाती है।

4. काकी मुद्रा

कौए की चोंच की भांति मुंह करके, जीभ को भी चोंचवत बनाकर धीरे-धीरे वायु खींचकर आन्तरिक कुम्भक करें। फिर हाथों के अंगूठों से कानों, तर्जनियों से आंखों, मध्यमा और अनामिका से नाक के नथुनों को और कनिष्ठकाओं से मुंह बन्द करें। यथाशक्ति कुम्भक रखें। धीरे-धीरे फिर दायें नथुने से रेचक (सांस छोड़ें) करें। इसी प्रकार सम्पूर्ण क्रिया करके बायें नथुने से भी रेचक करें। इसे कई बार करें।

इससे पित्त शांत होकर अम्लपित्त के विकार नष्ट होते हैं, दिव्य ज्योति की उत्पत्ति तथा बाह्य नेत्र दृष्टि की वृद्धि होती है। यह मुद्रा राजयोग में भी लाभदायक हो सकती है।

इसी मुद्रा में श्वास अन्दर खींचकर पान-अपान को मिलाकर, सब द्वार बन्द उक्त रूप से करके 'ऊं' या 'हु' 'ह' 'स' अक्षरों को जप तथा चित्त में ध्यान करें कि आपकी कुण्डलिनी शक्ति जाग रही है, मूलाधार से उठकर चक्रों का बेधन करती हुई सहस्त्रार में पहुंचने लगी है। निश्चय दृढ़ होगा और आप मन से साधना में लगे हैं तो सिद्धि प्राप्त हो सकती है।

10. योग के अंगों में प्रमुख प्राणायाम

योग के आठ अंगों में प्रमुख अंग प्राणायाम होता है। 'हठयोग' के सातों अंगों में भी प्राणायाम को अत्यन्त महत्त्व दिया गया है।

'प्राणायाम' को समझने के लिए हमें 'श्वास-प्रश्वास' क्रिया को समझ लेना चाहिए।

मानव जीवन श्वास-प्रश्वास पर निर्भर है। इस तथ्य को सभी शरीर शास्त्री और वैज्ञानिक तथा योग विद्या विशारद मानते हैं।

हम जो सांस लेते हैं, वह वायुमंडल से लेते हैं। इस वायुमंडल में ऑक्सीजन भी है तथा अन्य कई प्रकार की गैसें हैं। हमें जीने के लिए ऑक्सीजन चाहिए। इसी ऑक्सीजन को योग शास्त्र में 'प्राण वायु' कहते हैं।

हमारे शरीर में जो रक्त संचार हो रहा है उसे हृदय शरीर के प्रत्येक अंग तक भेजता है। जैसे 'टंकी' सारे नगर तक पानी पहुंचा देती है ऐसे ही हृदय से समस्त शरीर में नसों द्वारा रक्त पहुंचता है। हृदय से रक्त ले जाने वाली, शुद्ध खून वाली धमनियां हैं और अशुद्ध खून को वापस हृदय की ओर लाने वाली नीली नसें शिराएं हैं। यह अशुद्ध रक्त 'फेफड़ों' द्वारा शुद्ध किया जाता है। फेफड़े फूलते-सिकुड़ते हैं तभी श्वास अन्दर जाता है जिसमें ऑक्सीजन रहती है। वह ऑक्सीजन सोख कर फेफड़े रक्त शुद्धि का कार्य करते हैं। शरीर का ताप भी इसी से सुरक्षित रहता है। हृदय को भी इन्हीं प्राणों से गति मिलती है।

'हठयोग' का लक्ष्य है—स्थूल शरीर को सबल, स्वस्थ, दीर्घायु बनाकर तब मन का संयम करके ध्यान और समाधि की सिद्धि करके योग में सफल होना।

शरीर को सबल, स्वस्थ, निरोग और दीर्घायु बनाने के लिए प्राणायाम अत्यन्त सहायक होता है। इसलिए 'हठयोग' में भी प्राणायाम प्रमुख है।

प्राणायाम के बिना हठयोग संभव ही नहीं है।

हठयोग और राजयोग के अंग 'आसन' भी बिना प्राणायाम के लाभप्रद नहीं होते हैं। आसनों और प्राणायाम का निकट का सम्बन्ध है। दोनों ही शरीर को सबल और स्वस्थ बनाते हैं। क्योंकि श्वास विज्ञान का ज्ञान ही प्राणायाम का ज्ञान है। श्वास विज्ञान को जानने पर ही 'प्राण' का लाभ उठाया जा सकता है। प्राण ही जीवन है। शरीर का रक्त परिभ्रमण, जावनी शक्ति, ज्ञान तन्तु सब प्राण पर आधारित है।

शुद्ध रक्त में सुर्खी और चमक होती है तथा अशुद्ध रक्त में मैलापन होता है, नीलापन होता है। शुद्ध रक्त में ऑक्सीजन रहता है। अशुद्ध रूप में यह नहीं रहती। यह अशुद्ध रक्त शिराओं के द्वारा हृदय की ओर आता है तो हृदय उसे फेफड़ों में भेजता है। यहां फेफड़े उसे शुद्ध करते हैं। क्योंकि ऑक्सीजन वहीं मिलती है। फेफड़े स्पंज की भांति असंख्य छोटे-छोटे 'सैल्स'

(कोष्ठकों) का समूह है। ये कोष्ठक मांसपेशी की भांति खुलते-बन्द होते हैं। जब ये कण खुलते हैं तो एक ओर से तो हृदय से अशुद्ध रक्त और दूसरी ओर से शुद्ध वायु दोनों मिलकर उसे भर देते हैं। अब इन कणों में इस प्रकार से अशुद्ध रक्त और शुद्ध वायु दोनों एकत्र हो गए हैं। उस अशुद्ध रक्त में जब शुद्ध प्राण वायु मिलती है तो रक्त शुद्ध हो जाता है—रक्त की अशुद्ध गैस श्वास के साथ फेफड़े, नाक के द्वारा बाहर भेज देते हैं। जो सांस हम छोड़ते हैं वह 'कार्बन डाई ऑक्साईड' अशुद्ध वायु है। फेफड़ों द्वारा शुद्ध हुआ रक्त, धमनियों के द्वारा हृदय सारे शरीर में भेजता है। अशुद्ध गैस को फेफड़े नाक द्वारा बाहर भेजते हैं। यही क्रिया फेफड़ों के सिकुड़ने-फैलने से श्वास-प्रश्वास के द्वारा प्रतिक्षण हमारे शरीर में चलती रहती है।

हृदय धड़कता रहता है—रक्त को सारे शरीर में भेजता रहता है, अशुद्ध रक्त वापिस लौटता रहता है, उसे फेफड़ों में भेजता है, वहां शुद्ध प्राण वायु से शुद्ध हो, अशुद्ध वायु वहीं छोड़ रक्त हृदय में लौटता है, अशुद्ध वायु श्वांस से बाहर निकलती है और बाहर से शुद्ध वायु फेफड़ों में जाती रहती है।

यदि हृदय से अशुद्ध रक्त शुद्ध होने के लिए फेफड़ों में आये, वहां शुद्ध प्राण वायु न मिले तो वह अशुद्ध ही हृदय में लौट जाता है और सारे शरीर में अशुद्ध खून दौड़ने लगता है जिसका परिणाम है शरीर में रोगों का बढ़ते चले जाना। स्वास्थ्य तो रहता ही है शुद्ध और लाल खून वालों के शरीर में।

फेफड़े जब ठीक से नहीं खुलते-फैलते हैं तो खराब होने लगते हैं।

परिणाम स्वरूप टी. बी., दमा, श्वास-रोग, खांसी, न्यूमोनिया और पुराना बुखार आदि जकड़ लेते हैं। रक्त के विकारों में प्रथम तो खुजली, दाद, कोढ़ आदि हैं। और भी कई रोग होते हैं। रोग से लड़ने वाले लाल कीटाणु खून में नहीं रहते हैं तभी रोग बढ़ते हैं।

इन सब रोगों से बचने और शरीर में शुद्ध खून का संचार करने के लिए हमें शुद्ध प्राण वायु की नितान्त आवश्यकता तो है ही, साथ ही फेफड़ों को अधिकाधिक सक्रिय करने, उनके प्रत्येक कोष्ठकों तक प्राण वायु के पहुंचाने की भी आवश्यकता है।

यह कार्य 'प्राणायाम' को समझने से ही हो सकता है। प्राणायाम के द्वारा—श्वास विज्ञान के द्वारा हम यह सब जान लेते हैं।

प्राणायाम से शारीरिक उन्नति भी होती है और मानसिक भी।

तन और मन दोनों स्वस्थ, शक्तिशाली और वश में रहते हैं।

प्रश्न उठता है। प्राणायाम क्या है? यह बताने से पूर्व यह बतला देना उचित है कि 'प्राणायाम' के साधन और आवश्यक नियम क्या हैं।

प्राणायाम के उपयोगी साधन और प्रत्येक समय श्वास क्रिया में ध्यान देने योग्य बातें निम्नलिखित हैं:

(क) सर्व प्रथम आप अपने मन को पवित्र बनाने की चेष्टा करें। इसके लिए शुद्ध विचारों का होना आवश्यक है। मन में कुत्सित भाव न आने दें।

(ख) अपना खान-पान शुद्ध, सात्त्विक और सुपाच्य रखें।

(ग) धन कमाने में भी अनैतिक और भ्रष्ट तरीका न अपनाएं। बेईमानी और अनुचित तरीके से कमाये धन से विचार भी अशुद्ध बनते हैं।

(घ) यम-नियम का पालन अवश्य करें। यमों को 'सामाजिक धर्म' समझें और नियमों को 'व्यक्तिगत धर्म'। आप जब भी कोई कार्य इनके विरुद्ध कर बैठें, उस पर विचार करें और भविष्य में न करें।

(ड़) सदैव सांस नाक से लें।

(च) सांस गहरी लेने की आदत डालें।

(छ) रात्रि में मुंह ढंक कर न सोयें।

(ज) प्राणायाम शुद्ध और शान्त स्थान में करें।

(झ) कब्ज, अजीर्ण आदि न होने दें। पेट को सदा साफ रखें।

(ञ) भूख में अधिक न खाएं। जितना आराम से पचा सकते हैं उतना खाएं। जो लोग ठूंस-ठूंस कर खाते हैं या हर समय मुख चलाते रहते हैं—खाते रहते हैं—वे पेट को माल गोदाम बना लेते हैं। फिर वह रोगों का एक भण्डार बन जाता है।

11. प्राणायाम क्या है?

'प्राणायाम' श्वासोच्छवास अर्थात श्वास-प्रश्वास का नियमन है। प्राणों का संयम है।

श्वास-प्रश्वास की गति को नियमित संतुलित करना प्राणायाम है।

जब हम श्वास भीतर खींचते हैं, बाहर की प्राणवायु को फेफड़ों में भरते हैं तो उसे 'श्वास' कहते हैं।

जब फेफड़ों से अशुद्ध वायु बाहर निकालते हैं—सांस छोड़ते हैं तो इसे प्रश्वास कहते हैं।

प्राणायाम दो शब्दों का योग है।

प्राण + आयाम।

'प्राण' तो श्वास-प्रश्वास हैं।

'आयाम' का अर्थ है—प्राणों को फैलाना, उन्हें वश में करके रोकना—चलाना।

महर्षि पतंजलि के योग दर्शन के अनुसार—

तस्मिन सति श्वास-प्रश्वासर्योगति विच्छेदः प्राणायामः।

(योग दर्शन—2/49)

अर्थात आसन की सिद्धि होने पर श्वास-प्रश्वास की गति को रोकना प्राणायाम है।

हठयोग आचार्यों के अनुसार—

प्राणायामः शरीरस्य वायोस्तद्वन्निराधनम्।
आचार्याणां तु केषांचि द्रेचक पूरक कुम्भकैः।।

अर्थात—शरीर की वायुओं का निरोध होना ही प्राणायाम है। किसी-किसी आचार्य के मत से रेचक, पूरक और कुम्भक, यह तीन भेद प्राणायाम के हैं।

इस प्रकार हम देखते हैं कि प्राणों का संयम या नियमन ही 'प्राणायाम' है।

12. प्राणायाम के भेद और विधियां

भेद–

प्राणायाम के अनेक भेद योगाचार्यों और योग दर्शन कारों ने किये हैं।
योग दर्शन में अपने एक सूत्र में महर्षि पतंजलि ने लिखा है–

बाह्याभ्यन्तस्तरम्भवृत्तिर्देशकाल संख्यामि परिदृष्टो दीर्घ सूक्ष्मः।

यो. द. 2। 50।

अर्थात बाह्य आभ्यन्तर और स्तम्भवृत्ति वाला प्राणायाम, देश, काल और संख्या से लम्बा व हलका होता है। इसमें पंतजलि ने तीन प्रकार के प्राणायाम बताये हैं। वे हैं–बाह्य, अभ्यन्तर, स्तम्भवृत्ति।

चौथे प्राणायाम के विषय में वे लिखते हैं–

"बाह्याभ्यन्तर विषयाक्षेपी चतुर्थः"

अर्थात् श्वास को बाहर निकलने से, भीतर जाने से रोकने वाला 'कुम्भक' चौथा प्राणायाम है।

इस प्रकार बाह्य, अभ्यन्तर, स्तम्भ वृत्ति और कुम्भक, ये चार भेद हुए।

यह प्राणायाम महर्षि पतंजलि के योग दर्शन के अनुसार है। सांख्य दर्शन के मत पर आधारित इस योग दर्शन को 'राजयोग विद्या' कह सकते हैं। पतंजलि का योगदर्शन है ही राजयोग।

'प्राणायाम' जिस प्रकार राजयोग में आवश्यक है उसी प्रकार हठयोग में।
अतः प्राणायाम के पहले पतंजलि योग सूत्रों के आधार पर लिखते हैं।
'हठयोग' में भी ये उपयोगी हैं।

1. वाह्य वृत्ति

इसे 'रेचक' भी कहते हैं। श्वास को धीरे-धीरे बाहर निकालना।

कई सांसों को मिलाकर एक करते हैं। जैसे एक मिनट में आप आठ बार सांस लेते हैं और इतनी ही बार छोड़ते हैं। इन्हें कम करते हुए एक में ले आना। अर्थात एक मिनट में एक बार सांस लेना और एक ही बार छोड़ना।

बाह्य वृत्ति छोड़ने को ही कहते हैं। सांस को बाहर निकालना बाह्यवृत्ति (रेचक) है।

प्राणायाम में 'रेचक' अर्थ है श्वास छोड़ना। इसे संयमित करना।

2.. आभ्यन्तर वृत्ति या पूरक

इसे पूरक कहते हैं।

बाहर से भीतर जाने वाले कई सांसों को प्रश्वास बनाकर नथुनों से धीरे-धीरे नियमित रूप से भीतर ले जाना जैसे बाह्य वृत्ति में बाहर निकाला

था। ऐसे ही भीतर ले जाने को पूरक कहते हैं।

3. स्तम्भवृत्ति

स्वाभाविक रूप से चलते सांस को जहां का तहां रोक देना स्तम्भवृत्ति कहलाता है। इसे कुम्भक भी कहते हैं।

4. बाह्याभ्यन्तराक्षेपी

यह दो प्रकार से होता है। इसमें रेचक या पूरक प्राणायामों को कुम्भक में नियमित करते हैं। उन्हें देश, काल और सख्या के आधार पर नियमित करते हैं।

बाह्याक्षेपी में मूलाधार से नाभि तक वायु को निकालकर बाह्य कुम्भक (स्तम्भ) द्वारा रोकें, घबराहट हो तो फिर नाभि से हृदय तक निकाल कर वहीं रोकें। जब घबराहट हो तो हृदय से कंठ तक की वायु को भी बाहर ही निकाल कर रोक देवें और यथाशक्ति रोके रखने से यह बाह्य कुम्भक हुआ।

आभ्यन्तराक्षेपी तब होता है जब बाहर की वायु को विशेष गति से इस प्रकार भीतर खींचें कि मूलाधार से नाभि तक का स्थान भर जाये, यथा शक्ति रोकने के बाद नाभि से हृदय तक, फिर रोकने के बाद हृदय से आकंठ भर लें और यथा शक्ति रोकें।

देश का अर्थ है स्थान, जैसे मूलाधार से नाभि, नाभि से हृदय, हृदय से कंठ।

काल का अर्थ है समय। जैसे दस सेकंण्ड का रेचक, पांच सेकण्ड का कुम्भक या दस सेकण्ड का पूरक आदि।

संख्या का अर्थ है छः मात्रा या गिनती तक पूरक, तीन मात्रा तक कुम्भक और छः मात्रा तक रेचक करना। यह संख्या परिदृष्टि होता है।

दीर्घ-सूक्ष्म भी योगदर्शन में आया है। उसका अर्थ है—श्वास लम्बा और छोटा। या गहरा और हलका। यह इस प्रकार कि, बाहर को आप सांस छोड़ रहे हैं तो वह जितनी भी दूर तक प्रभावी है उतना दीर्घ है या सूक्ष्म है। आपके सामने एक फीट की दूरी तक की कोई कागज, बाल, रुई या दीपक की लौ रेचक से हिलती है आप उसे और दूर सरका देते हैं दो फीट तक प्रभावित फिर तीन तक। तो यह सूक्ष्म से दीर्घ हो गया। इसी प्रकार अन्दर की ओर सांस कंठ तक जाना, हृदय या मूलाधार तक जाना सूक्ष्म से दीर्घ होता है। जब आपके कम-से-कम दस बहार सांस मिलकर एक हों तब आपका दीर्घ सूक्ष्म सफल हो गया।

यह 'राज योग' में आये प्राणायाम 'हठयोग' में भी लाभकारी है।

किन्तु हठयोग ग्रंथों में बहुत से नाम हैं। घेरण्ड संहिता में लिखा है—

सहितः सूर्य भेदश्च उज्जायी शीतली तथा।
भस्त्रिका भ्रामरी मूर्च्छा, केवली चाष्ठ कुम्भकः।

अर्थात—सहित, कुम्भक, सूर्य भेदी, उज्जायी, शीतली, भस्त्रिका, भ्रामरी,

मूर्च्छा, केवली– ये आठ कुम्भक प्राणायाम हैं।

विस्तार से इस प्रकार हैं–

1. सहित कुम्भक

सहित कुम्भक दो प्रकार का होता है—सगर्भ और निगर्भ।

सगर्भ वह है जो किसी मंत्रादि के साथ किया जाता है और निगर्भ वह जो बिना मंत्रों या गिनतियों के करते हैं।

सहित कुम्भक को करने के भी भेद होते हैं। इन्हें भी योगी लोग तीन भागों में बांटते हैं, जैसे कनिष्ठ, मध्यम और उत्तम।

कनिष्ठ

नियमानुसार सीधे बैठकर पहले दाएं हाथ के अंगूठे से नासिका के दाएं छिद्र को बंद करके 'ओंकार' का जप आठ बार अन्दर-ही-अन्दर करते हुए गिनती माला या अंगुलियों से कर सकते हैं। बायें नथुने से पूरक करते हैं। फिर बत्तीस बार ओंकार या ऊं का नाम जपने तक कुम्भक और फिर सोलह बार जपने तक, अनामिका अंगुली और मध्यमा अंगुली मिलाकर बायां नथुना बंद कर दाहिने से निकालें। इसी प्रकार दूसरे नासा छिद्र से कर सकते हैं। यह कनिष्ठ अभ्यास हुआ।

मध्यम

इसमें भी क्रिया उसी प्रकार है। अन्तर मंत्रों और संख्या के आधार पर समय का है। जैसे प्रथम सोलह बार में जपने के समय तक पूरक, चौंसठ तक कुम्भक और फिर बत्तीस जपों तक नियमानुसार वैसा ही रेचक।

उत्तम

उत्तम 'सहित कुम्भक' वह है जब संख्या बत्तीस जपों के पूरक, 128 का कुम्भक और 64 का रेचक हो जाता है। यह उत्तम प्राणायाम अभ्यास करते-करते सिद्ध हो जाता है।

इस प्राणायाम से मन प्रफुल्लित, शरीर चुस्त और शक्तिशाली, चेहरा सुन्दर हो जाता है। इन्द्रियां और मन वश में आने लगती हैं द्वन्द्वों और भूख प्यास पर अधिकार होने लगता है।

2. सूर्य भेदी

अपने सिद्ध किये आसन में बैठकर नाक के दाहिने नथुने से जिसे सूर्यनाड़ी कहते हैं, धीरे-धीरे गहरी श्वास से पूरक करें। फिर यथाशक्ति कुम्भक करें। इसके बाद चन्द्रनाड़ी अर्थात बायें नथुने से श्वास को वेगपूर्वक बाहर निकालें अर्थात रेचक करें।

प्रथम दिन तीन बार इस प्राणायाम को शुरू करें और फिर सामर्थ्यानुसार बढ़ाते जायें।

सूर्यभेदी प्राणायाम से शरीर में गर्मी आती है। पित्त बढ़ता है। कफ और वात को नष्ट करता है। पाचन क्रिया को तेज करता है। मल शुद्धियां और नाड़ी शुद्धि करता है। शरीर को बल और तेज प्रदान करके बुढ़ापे और मृत्यु को शीघ्र नहीं आने देता।

3. उज्जायी

पहले बलपूर्वक पूर्ण रेचक करके श्वास को दोनों नासापुटों से अन्दर खींचें और बिना कुम्भक किये धीरे-धीरे बाहर निकाल दें। इसमें सांस पूर्णरूपेण पूरक की जाती है, छाती पूरी तरह फूल जाती है।

विधि यह है कि दोनों नासापुटों से कंठ से हृदय तक खूब हवा भर लें फिर छाती को पूरी फुलाकर, हृदय से नीचे वायु न जाने देकर, धीरे-धीरे रेचन कर दें। कुछ योगाचार्य इसमें भी कुम्भक का उल्लेख करते हैं। उनके अनुसार कुम्भक करने के बाद ही धीरे-धीरे रेचक करते हैं।

उज्जायी से भी कई लाभ हैं। यह कंठ के बलगम, नाडियों का मल, वीर्य दोष, खांसी, वात रोग, तिल्ली के रोग दूर करता है।

4. भ्रामरी प्राणायाम

वीरासन, पद्मासन या सिद्धासन में बैठकर अंगूठे से दायें नथुने को दबाकर बायें से पूरक करें। जब मूलाधार तक प्राणवायु भली प्रकार भर जाये तब कुछ देर कुम्भक करके कंठ से भौंरे जैसी गुंजार उत्पन्न करते हुए दाहिने नथुने से धीरे-धीरे रेचक करते रहें। रेचक को लम्बा करते हुए मन और बुद्धि को इस भ्रमर गुंजन में लगायें। यथा शक्ति रेचक को दीर्घ किया जाये और गूंजन में ऊं नाम में ध्यान भी किया जाये।

इस प्राणायाम से मन और वाणी में पवित्रता और तन्मयता आती है, समाधि लाभ हो सकता है।

5. मूर्च्छा प्राणायाम

पद्मासन में बैठकर दायें हाथ के अंगूठें से दायें नथुने को दबाकर बायें नथुने से श्वास भरकर कुम्भक कर लें। जालन्धर बन्ध लगाकर मानसिक सोचों का अभाव करके मूर्च्छित-सा होने का प्रयास करें। दृष्टि भवें के मध्य में रखें। जब कुम्भक न रखा जा सके तो दोनों नासापुटों से धीरे-धीरे प्राण का रेचन कर दें। कुम्भक के समय मन को विलीन-सा करने का प्रयत्न करते हैं। इससे मन शान्त होकर मूर्च्छित-सा हो जाये। इस प्रकार नथुने को बदल कर करें।

अभ्यास को बढ़ाते जायें।

इसके अभ्यास से मन शांत होकर मूर्च्छित-सा हो जाता है।

6. केवली प्राणायाम

स्वास्तिक आसन में बैठकर रेचक-पूरक किये बिना ही प्राण को जहां का तहां सहसा रोकना, केवली कुम्भक प्राणायाम है।

हठयोग प्रदीपिका के अनुसार—

'रेचकं पूरकं त्यक्त्वा सुख यद्वायु धारणम्।
प्राणायामोऽयमित्युक्तः स वै केवल कुम्भकः।।

यह वास्तव में राजयोग का 'स्तम्भवृत्ति प्राणायाम ही है। इनमें कोई भेद नहीं लगता।

इस प्राणायाम से द्वन्दों का नाश, आयु की वृद्धि, ध्यान में दृढ़ता और दिव्य दृष्टि की उपलब्धि होती है।

'हठयोगी' प्रदीपिका नामक हठयोग ग्रन्थ में 'सहित कुम्भक' के स्थान पर सीत्कारी' और 'केवली' के स्थान पर 'प्लवनी' निर्देशित किया है।

अतः इन दो प्राणायामों—'सीत्कारी' और 'प्लवनी' के विषय में भी लिखना आवश्यक है। 'भस्त्रिका' और शीतली से पूर्व यहां उन्हीं का उल्लेख करते हैं।

हठयोग प्रदीपिका का ग्रन्थकार कहता है—

सूर्य भेदनमुज्जायी सीत्कारी शीतली तथा।
भस्त्रिका भ्रामरी मूर्च्छा प्लावनीत्यष्ट कुम्भकः।।

इसमें भी आठ ही हैं। किन्तु इसमें सूर्य-भेद से पूर्व घेरण्ड संहिता की भांति 'सहित कुम्भक' नहीं है और 'केवली' के स्थान पर 'प्लावनी' है। शेष सब वे ही हैं जो 'घेरण्ड संहिता' में हैं।

इस प्रकार कुल मिलाकर ये दस हो जाते हैं।

7. सीत्कारी

सिद्धासन पर बैठकर शीतली के समान प्राणों को चोंच के समान बनी जीभ को मुख से बाहर निकालकर 'सीत्कार' (सी-सी ....ऽ ऽऽ) शब्द निकालते हुए पूरक करके, बिना कुम्भक किये तत्काल दोनों नथुनों से तेजी से रेचक करें। इसी प्रकार बार-बार जीभ के द्वारा पूरक और नासिका द्वारा रेचक किया करें।

हठयोग प्रदीपिका के अनुसार—

'सीत्कारं कुर्यात्तथा वक्त्रे प्राणेनैव विजृम्भिकाय।
एवमभ्यासयोगेन कामदेवो द्वितीयकः।।'

अर्थात मुख के द्वारा जीभ से सीत्कार शब्द करते हुए पूरक तथा नासिका

से रेचक करते रहने से सौंदर्य वृद्धि होती है। पित्त प्रकृति वाले सदा कर सकते हैं। यह ग्रीष्म ऋतु में लाभकारी है।

8. प्लावनी

किसी स्थिर आसन में बैठकर दोनों नथुनों से पूरक करके इतना प्राण वायु भर लें कि आपका पेट बहुत फूल जाये। मानो पेट में ही सारे शरीर की हवा भर गई है। यथाशक्ति कुम्भक करके, पश्चात दोनों नासापुटों से धीरे-धीरे रेचक करें। इसी क्रम को इच्छानुसार दोहरायें।

इससे पेट की अग्नि प्रदीप्त होकर पाचन क्रिया तेज होती है, कब्ज दूर होता है, आसन प्राण को शुद्ध करता है, अधिक अभ्यस्त होने पर व्यक्ति जल पर बिना हाथ-पांव हिलाए तैर सकता है।

9. भस्त्रिका

अभ्यस्त आसन में बैठकर हमें हाथ की मध्यमा और अनामिका अंगुलियों को जोड़कर सीधा रखें, शेष को मोड़ लें। इन अंगुलियों से बायें नथुन को 'बन्द कर लें और काहनी को मरोड़ कर कंधे के समान ऊंचा उठा लें, बायें हाथ को दायें घुटने पर रख लें। अब बिना कुम्भक किये दायें नथुने से शब्द उत्पन्न करते हुए बलपूर्वक रेचक-पूरक को बिना रुके लम्बे-लम्बे श्वास-प्रश्वास द्वारा करें। श्वास-प्रश्वास की टक्कर अंगुलियों पर जोर से बलपूर्वक लगती रहे। कम-से-कम आठ दस बार पूरक-रेचक करें। इसके बाद पूरक-रेचक अन्दर ही रोक लें। यथाशक्ति कुम्भक के बाद बायें नासापुट से रेचक करें। रेचक करते समय अंगूठे से दायें नथुने को दबा लें।

इसी प्रकार फिर दायें नथुने को बन्द करके दूसरी ओर से करें।

दोनों ओर से तीन-तीन प्राणायाम करके नित्यप्रति क्रमशः बढ़ाते जायें। कमजोर को यह प्राणायाम अधिक वेग और शक्ति से नहीं करना चाहिए। कुछ योगी इसमें कुम्भक के समय जालंधर बन्ध भी लगाते हैं।

इस प्राणायाम के अभ्यासी को घी-दूध का सेवन अवश्य करना चाहिए। बिना किसी योग्य शिक्षक या योगाचार्य के सिखाये, इसे न करें तो ही अच्छा है।

योगाचार्य द्वारा भलीभांति सीखकर करने वाले साधक इससे लाभ उठा सकते हैं। इससे कुण्डलिनी जागरण हो सकता है। यह कफ-मेद को सुखाता है। मोटी देह को पतली करता है।

10. शीतली प्राणायाम

यह कुम्भक प्राणायाम सुखासन में बैठकर जीभ की आकृति को 'काकी मुद्रा' की भांति कौए की चोंच के समान बनाकर, जीभ के किनारों को मोड़कर गोल करने, पोली नलकी-सी बनाकर, धीरे-धीरे प्राण वायु को खींचकर पूरक

करते हैं। उदर को पूर्णरूप से भरकर यथाशक्ति कुम्भक करते हैं। घबराहट होने पर दोनों नथुनों से रेचन करते हैं। बार-बार यही अभ्यास दोहराते हैं। यह प्राणायाम कफ प्रकृति वाले न करें। अन्य लोग भी गर्मी की ऋतु में करें।

इससे अजीर्ण, कफ-पित्त नाश, प्राण शान्त, प्यास शान्त, पित्त रोग दूर होते हैं। शरीर में शांति, सौंदर्य बढ़ता है। 'ब्लड-प्रेशर' उच्च हो तो कम करता है।

कुछ प्राणायाम ऐसे भी हैं जो पुस्तकों में बहुत कम मिलते हैं किन्तु योगीजन उन्हें जानते हैं। ऐसे प्राणायाम उसी प्रकार चले जा रहे हैं जेसे वेद ज्ञान प्राचीनकाल में चलता था। मौखिक ज्ञान वेदों का ऋषि लोगों को होता था और वे अपने शिष्यों को कंठस्थ करा देते थे।

ऐसे प्राणायाम भी कई हैं।

ये प्राणायाम अत्यन्त सामर्थ्य प्रदाता हैं।

इनमें कुछ इस प्रकार हैं—

(क) अग्नि प्रदीप्त प्राणायाम

इसे करने के लिए पद्मासन में बैठते हैं। दायें नासिका छिद्र को बन्द करके बायें से धीरे-धीरे सांस को पूरक द्वारा मूलाधार तक इतना भर दें कि कण्ठ तक कहीं भी रिक्त स्थान न रहे। बलपूर्वक इतना कुम्भक करें कि छाती और मुंह लाल हो जाये। प्रथम बार में ही इतना अधिक न करें—धीरे-धीरे बढ़ा लें। जब घबराहट होने लगे तो दूसरे नथुने से धीरे-धीरे रेचक कर दें।

इस प्राणायाम के अभ्यास से अत्यन्त सर्दी में भी पसीना आता है। शीत दूर करने के लिए ही योगी लोग पर्वतों में इसका अभ्यास करते हैं। स्वामी दयानन्द तथा अन्य अनेक ऋषियों ने इसका अभ्यास किया था। इसे दोनों नथुनों से भी कर सकते हैं परन्तु इसमें नये साधकों को कठिनाई यह रहेगी कि दोनों से वायु शीघ्र आती जाती है। प्राणों पर संयम होने पर दोनों से किया जा सकता है।

इस प्राणायाम से पाचन अंग इतने शक्तिशाली हो जाते हैं कि अधिक भोजन को भी शीघ्र पचाते हैं। मल-मूत्र, कफ घटाते हैं, बल, तेज, उत्साह, सौंदर्य और स्वर की मधुरता बढ़ती है। रोग नहीं रहते।

(ख) दीर्घ श्वास-प्रश्वास

किसी भी अभ्यस्त आसन में बैठकर दोनों हथेलियों को घुटनों पर रख लें, दोनों नथुनों से वेगपूर्वक लम्बा करके पूरक करें। फिर बिना कुम्भक इसी प्रकार जोर से, लम्बा रेचक करें। कई बार इसी प्रकार जोर-जोर से लम्बे-लम्बे पूरक-रेचक करें। संख्या पहले कम और फिर बढ़ाते जायें।

इससे फेफड़े स्वस्थ होते हैं, आमाशय आदि पाचक अंग स्वस्थ होते हैं। पाचन शक्ति और आयु में वृद्धि होती है तथा शक्ति और फुर्ती भी शरीर में

आती है। इसे सब कर सकते हैं।

(ग) नाड़ी शुद्धि एवं अनुलोम विलोम

नाड़ियो और शिराओं की शुद्धि तथा देर में रक्त संचार को सुचारु एवं नियमित करने के लिए यह प्राणायाम अत्यन्त लाभप्रद है। पद्मासन में बैठकर दायें नथुने को अंगूठे से बन्द करके बायें से प्राण वायु को मूलाधार तक खूब भीतर भर लें और फिर बिना कुम्भक किये बायें को बन्दकर दाहिने से धीरे-धीरे रेचन करें। अब इसी दाहिने से वायु भरें और बायें से छोड़कर उसी से भरें। इसमें जिससे सांस छोड़ते हैं उसी नथुने से पूरक करते हैं। कुम्भक बिलकुल नहीं करते हैं।

नाड़ी शुद्धि का दूसरा तरीका यह है कि सांस एक से लेते हैं दूसरे से छोड़ते हैं। फिर दूसरे से लेते हैं और पहले से छोड़तें हैं।

इस प्राणायाम से रक्त, प्राणों और ज्ञान क्रियाएं उचित हो जाती हैं और ध्यान की स्थिरता तथा सूक्ष्मता और दीर्घता आती है। मन चाहे नथुने से योगी सांस ले सकता है। नस-नाड़ियां सब साफ-शुद्ध हो जाती हैं।

(घ) वक्षस्थल रेचक

सुखासन में बैठकर दोनों नथुनों से अन्दर की समस्त वायु को धीरे-धीरे बाहर निकाल दें, बाह्य कुम्भक करें, दोनों हाथों की अंगुलियां दोनों कंधों पर टिकायें। कोहनियां ऊपर उठी रहें। छाती की नसों, मांसपेशियों और हड्डियों को शिथिल करके पिचका लें। कंधों को आगे की ओर उभारें। शरीर हड्डियों का ढांचा-सा लगे। फेफड़े सिकुड़ जायें। यथाशक्ति कुम्भक करके फिर सांस को छोड़ दें। इससे दिल की धड़कनों पर नियंत्रण होता है। वे संयमित और सही हो जाती हैं। फेफड़े फुफ्फुस सही होते हैं। टी० बी० वालों का रोग घटता है। खून का दौरा भी ठीक होता है।

(ङ) मध्य रेचक

अपने किसी भी आसन में सीधे बैठ जायें और उदर की सारी वायु को बाहर निकालकर, उड्डियान बन्ध इस प्रकार लगायें कि अंतड़ियां ऊपर को उठी-सी लगें। पेट के दोनों पार्श्वों को दबाकर पेट के दोनों नलों (नौलि) को उठायें। जिस प्रकार नौलि क्रिया में उठाते हैं। यथाशक्ति कुम्भक करके प्राण को रेचक कर देते हैं। इस क्रिया को यथाशक्ति दोहरा सकते हैं।

इस क्रिया को करने के लिए आगे को झुककर घुटने भी पकड़ सकते हैं, उत्कट आसन में भी कर सकते हैं। कुछ लोग खड़े होकर भी करते हैं। किन्तु श्रेष्ठ बैठकर ही किया हुआ माना गया है।

इस प्राणायाम से आंतों के अनेक विकार दूर हो जाते हैं। मन वश में होता है। जिगर रोग में भी लाभ होता है।

इनके अतिरिक्त भी प्राणायाम के बहुत से भेद हैं। सभी को लिखना सम्भव भी नहीं है।

चूंकि हम 'हठयोग', 'कुण्डलिनी' और 'प्राणायाम' पर ही विस्तार से लिख रहे हैं। अतः हठयोग की सिद्धि, कुण्डलिनी के जागरण में सहायक एक दो प्राणायाम और लिखना उचित समझते हैं।

ऐसे दो प्राणायाम निम्नलिखित हैं जो कि कुण्डलिनी जागरण में सहायक सिद्ध हो सकते हैं—

1. त्रिबन्ध रेचक प्राणायाम

पहले किसी आसन में बैठकर दाईं ओर का नासापुट बन्द कर बायें से, नाभि से कण्ठ तक की सारी वायु निकाल दें। अब मूल बंध, उड्डियान बन्ध, जालन्धर बन्ध—ये तीनों ही बन्ध लगाकर हथेलियों को घुटनों पर रख लें, दृष्टि को नाक के अग्र भाग पर केन्द्रित कर लें। पेट पूरा पिचका रहता है।

यह प्राणायाम कुण्डलिनी शक्ति को शीघ्र जगा देता है, सुषुम्ना का बन्द द्वार खोल देता है।

2. सर्वद्वारबद्ध प्राणायाम

पद्मासन पर सीधे बैठ जायें, दोनों नथुनों से मूलाधार से लेकर कण्ठ तक प्राण वायु भर लें और कुम्भक करके दोनों हाथों के अगूठों से कान, तर्जनियों से आंखें, मध्यमाओं से नथुनों और छोटी अंगुलियों से ओष्ठ बंद कर लें। ध्यान को भौहों के मध्य जमायें। यथाशक्ति कुम्भक कर दोनों हाथों की अंगुलियां नथुनों से हटाकर रेचक करें। नित्यप्रति कुम्भक का समय बढ़ता जाय।

इस प्राणायाम से भी दिव्य ज्योति प्रकट होती है। ध्यान में एकाग्रता आती है। ब्रह्मरंध्र प्रवेश का द्वार खुल जाता है।

13. प्राणायाम से लाभ एवं चमत्कार

प्राणायाम से होने वाले लाभों का उल्लेख प्रत्येक प्रकार के प्राणायाम की विधि के साथ-साथ हमने इस पुस्तक के पिछले अध्याय में किया है। जिस-जिस प्रकार के प्राणायाम से जो-जो लाभ होते हैं वे वहीं-वहीं लिख दिए गये हैं।

समष्टि रूप से प्राणायामों से जो लाभ होते हैं, वे प्रमुख लाभ इस प्रकार हैं—

(क) प्राणायाम चूंकि प्राणों का संयम है, नियंत्रण है, श्वास के विज्ञान पर आधारित क्रियाएं हैं, अतः इनसे प्रथम लाभ तो यही है कि जो प्राण जीवन के आधार हैं, उनको वश में करने से जीवन अपने वश में हो जाता है।

(ख) आयु-वृद्धि होती है। सुनते हैं, जीवन सांसों पर आधारित है कि व्यक्ति जीवन में कितने सांस लेगा। जब सांस नियमन हो जाता है, प्राणायाम सिद्ध होता है तो व्यक्ति गहरे और गिनती में कम सांस लेता है। इसलिए वह अपनी आयु अधिक दिनों तक स्थिर रख सकता है। जो लोग हांफते हैं, अनियमित और जल्दी-जल्दी सांस लेते हैं, वे कम जीते हैं।

प्राणायामों से आयु बढ़ने का एक कारण यह भी है कि जो वायु हम नाक द्वारा वायुमंडल से लेते हैं, वह प्राण वायु है, ऑक्सीजन है, जीवनी है। प्राणायाम के द्वारा हम उसे अधिक-से-अधिक खींचने का अभ्यास कर सकते हैं जिससे शरीर में जीवन शक्ति बढ़ती है।

(ग) शरीर के अनेक रोग प्राणायाम के द्वारा दूर हो सकते हैं। उन रोगों का उल्लेख प्राणायाम विधियों के साथ उनसे होने वाले लाभों में हमने किया ही है।

(घ) प्राणायाम के अभ्यास से रोगों से बचा भी जा सकता है। जो प्राणायाम के अभ्यासी हैं उन्हें कोई रोग होता ही नहीं है।

(ड़) योगाभ्यास के लिए 'प्राणायाम' आवश्यक क्रिया है। यह योग का अंग है। अष्टांग योगों में यह प्रमुख है। बिना प्राणायाम के प्रत्याहार, धारणा, ध्यान और समाधि कठिन है।

(च) प्राणायाम से केवल प्राण ही नहीं, मन भी वश में होता है। मन वश में होने से बुद्धि भी तीव्र और सूक्ष्म होती है। विवेक जागृत होता है।

(छ) प्राणायाम के द्वारा ही योगी लोग रक्त को जमा देने वाली सर्दी और तन को जला देने वाली गर्मी से रक्षा कर सकते हैं। अतः प्राणायाम से सर्दी-गर्मी को सहने की शक्ति आ जाती है।

(ज) योग दर्शन के अनुसार—

"ततःक्षीयते प्रकाशवरणम्।"

अर्थात प्राणायाम के अभ्यास प्रकाश पर पड़ा आवरण दूर हो जाता है, विवेक ज्ञान पर आया हुआ अज्ञान रूपी पर्दा हट जाता है।

'धारणासुच योग्यता मनसः'

अर्थात अपनी रुचि के अनुसार मन को जहां-तहां अन्दर-बाहर, किसी भी स्थान विशेष पर ठहराने की शक्ति आ जाती है। इससे प्रत्याहार सिद्धि में भी सहायता मिलती है।

(झ) शरीर क्रियाशील बनता है। उसमें लचक, फुर्ती-चुस्ती और कांति आ जाती है।

(ञ) इन्द्रियों में आये हुए विकार और दोष दूर हो जाते हैं। शरीर, मन, प्राण के भी सारे विकार दूर हो जाते हैं। 'मनु-स्मृति' में भी लिखा है—

दह्यन्ते ध्याय मानानां धातूनां हियथा मलाः।
तथेन्द्रियाणां दह्यन्ते दोषाः प्राणस्य निग्रहात।।

अर्थात जैसे अगिन से तपाये हुए सोने आदि धातुओं के मल जाते हैं, वैसे ही प्राणायाम के अनुष्ठान से इन्द्रियों में आ गए दोष विकार आदि नष्ट हो जाते हैं।

(ट) प्राणायाम से शरीर के त्रिदोष दूर हो जाते हैं। कफ, पित्त और वायु के प्रकोप शांत हो जाते हैं, शरीर स्वस्थ व दीर्घायु हो जाता है।

(ठ) मानसिक शक्ति अपार हो सकती है। मानसिक शक्तियों को प्राणायाम से बढ़ाकर बहुत से असाधारण कार्य किए जा सकते हैं। मानसिक शक्तियां बहुत बड़ी शक्तियां हैं। इच्छा शक्ति (WILL POWER) उन्हीं में से एक शक्ति है। इच्छा शक्ति मस्तिष्क को गति देती है। 'विचार' जो एक परमाणुमय शक्ति है, कहीं भी आ जा सकते हैं—कोई रोक नहीं सकता। विचार को ईथर (शून्य) में से भेजा जा सकता है—जो कि प्रकृति का आवश्यक तत्त्व है।

हमारे चारों ओर एक विद्युत शक्ति निरन्तर विद्यमान रहती है। यह विद्युत प्रवाह मनुष्य में भी होता है। इच्छा शक्ति के सुव्यवस्थित अभ्यास के द्वारा इच्छित मनुष्य या मनुष्यों में इस विद्युत की मात्रा को बढ़ाया जा सकता है। इच्छा शक्ति के द्वारा अनेक रोगों का उपचार किया जा सकता है। किन्तु इच्छा शक्ति के साथ 'प्राणायाम कुम्भक' आवश्यक है। त्राटक से नेत्र-दृष्टि की शक्ति, प्राणायाम से कुम्भक-श्वास शक्ति और मन से इच्छा शक्ति बढ़ा लेने पर ही किसी को इच्छा शक्ति से प्रभावित किया जा सकता है। अतः इच्छा शक्ति बढ़ाने के लिए भी प्राणायाम आवश्यक है और उसके प्रयोग के लिए भी अनिवार्य है।

(ड) प्राणायाम के अभ्यास से अपनी शक्ति और सामर्थ्य से अधिक कार्य किए जा सकते हैं। जैसे अपनी सामर्थ्य से दो गुना, तीन गुना वजन उठाना,

घोड़ा-गाड़ी या कार रोकना, सीने पर वजन या भारी पशु खड़ा करना, लोहे की जंजीर तोड़ना आदि। यह सब प्राणायाम की शक्तियां हैं।

प्रोफेसर राममूर्ति हाथी को सीने पर खड़ा करा लेते थे, दो-दो कारों को रोक सकते थे। स्वामी दयानन्द जी ने प्राणायाम और ब्रह्मचर्य के बल से दो घोड़ों की बग्घी को रोक दिया था। आज भी ऐसे लोग हैं। श्री सुधाकर भीम सड़क कूटने वाले 'रोडरोलर' को सीने पर से उतरवा लेते हैं। यह प्राणायाम के बिना सम्भव नहीं है।

(ड) मानस-चिकित्सा के लिए भी प्राणायाम का अभ्यास होना चाहिए।

(न) झाड़-फूंक करने वाले अधिकांशतः ढोंगी होते हैं, यह तो सत्य है किन्तु यह भी झूठ नहीं है कि इच्छा-शक्ति और सम्मोहन विज्ञान के द्वारा रोगोपचार 'झाड़ा' या 'पास' देने से ठीक हो जाते हैं। यह प्राणायाम के अभ्यास से सम्भव है।

अनेक अद्भुत कार्य प्राणायाम शक्ति के द्वारा किए जा सकते हैं। जैसे नब्ज रोकना, हृदय गति रोक देना, आकाश गमन, जल पर चलना, कांटों पर से गुजरना आदि। यह सब योग और प्राणायाम के चमत्कार हैं। बिना श्वास विज्ञान के आने और प्राणायाम के अभ्यास के यह सम्भव नहीं है।

14. प्राणायाम के चमत्कार

1. नब्ज–नाड़ी रोकना–

वैद्य-डॉक्टर अकसर ज्वर आदि अनेक रोगों का पता नब्ज देखकर लगाते हैं। नब्ज कलाई पकड़ कर देखी जाती है। हृदय की धड़कन की गति देखने के लिए भी नब्ज देखते हैं। इसी नब्ज को रोककर आप डॉक्टरों तक को चमत्कृत कर सकते हैं।

यह असम्भव या असाध्य कार्य नहीं है।

यह प्राणायाम क्रिया है।

इसके लिए 'नाड़ी अवरोध प्राणायाम' किया जाता है।

आप भी इसका अभ्यास कर सकते हैं।

सर्वप्रथम पद्मासन में बैठ जाइए। दायें नथुने को बन्द करके बायें से पूरक करके प्राण को मूलाधार तक यथा शक्ति पूर्ण कर लें। मुट्ठियों को दोनों घुटनों पर रख लें। पूरक की हुई वायु को वक्षस्थल की ओर या दाहिनी भुजा की ओर मन की शक्ति से चलायें। जब तक भुजा फूलकर कड़ी न हो जाये, प्राण को भुजा में भेजते रहें। संकल्प बल से यह हो जाएगा। कुछ दिन के अभ्यास से सम्भव हो जाएगा। कुम्भक करके नाड़ी स्तब्ध अर्थात रोकने का प्रयास करें। जब तक नाड़ी रुक न जाए छोटे-छोटे पूरक तथा कुम्भक कर-करके बांह में भेजते रहें। रक्त संचार रुक जाने से नाड़ी रुक जाएगी। नाड़ी वास्तव में वायु भरने से लुप्त-सी हो जाती है। डॉक्टर भी इसे पकड़ नहीं पाते हैं।

कुछ समय के अभ्यास से प्राण को वश में करके बांह में या इच्छित अंग में भेजना आ जाता है। यह प्राणायाम खड़े होकर भी किया जा सकता है। इसे प्रदर्शन के रूप में करने के बाद बांह को मलें और रक्त को चलायें।

2. हृदय गति रोकना–

हृदय गति रुकने से बहुत से लोगों की मृत्यु होती है। किन्तु योगी जन इसी हृदय गति को स्वेच्छा से रोककर दिखा सकते हैं। यह कोई जादू नहीं है। बल्कि यह प्रांणायाम का चमत्कार है।

प्राणायाम के अभ्यास से आप भी इसे कर सकते हैं।

इस प्राणयाम का अभ्यास करने के लिए पहले स्वास्तिक आसन में सीधे तनकर बैठें। गर्दन, छाती, कमर का बांस सीधा रख। फिर दायें नथुने को तर्जनी से बन्द रखते हुए बायें से पूरक करके सांस से फुफ्फुस को भर दें। अब कुम्भक करके अन्दर गई वायु के दबाव से हृदय को बन्द करने का प्रयास

करें। ऐसा तभी होगा जब प्राण वायु को इतना भर लिया जाए कि छाती मशक की भांति फूल जाए। उसी से हृदय स्तब्ध या बंद होगा। संकल्प बल से ऐसा अभ्यास करें। यह ध्यान रहना चाहिए कि प्राणवायु कंठ के महा छिद्र के द्वारा ब्रह्मरन्ध्र की ओर न जाने पाए। ऐसा हो गया तो आप बेहोश हो जायेंगे। इसलिए सावधान होकर प्राणों को फुफ्फुस में ही रखिए। लगातार अभ्यास करते रहिए। जल्दबाजी मत कीजिए। हृदय गति घटते-घटते रुकने की-सी स्थिति में आ जाएगी। फिर यत्न करने पर भी दिखाई नहीं देगी। डॉक्टर को भी नहीं मिलेगी।

अभ्यास के दिनों में जब मूर्च्छित होने को हों तो तुरन्त रेचक कर दें।

अभ्यास के समय दूसरा व्यक्ति भी रहना चाहिए जो मूर्च्छित हो जाने पर संभाल सके। उसे कान मलकर हिलाएं-डुलाएं, पानी के छींटे दें, कानों में जोर से कुछ कहें। मूर्च्छा आने को होती है तो आंखें ही बता देती हैं। अभ्यासी गिरने लगता है।

इस अभ्यास में सदा सावधानी बरतनी चाहिए। कभी जल्दबाजी न करें।

सफलता देर से मिलना अच्छा है।

ध्यान यह अवश्य रहे कि जब प्राण कंठ से ऊपर आने लगे तो तुरन्त रेचक कर दें।

इसी प्रकार 'अग्नि प्रदीप्त प्राणायाम' के द्वारा योगी बर्फ पड़ते समय भी, अत्यन्त शीत में भी पसीना ले सकते हैं, सर्दी के प्रभाव से बच सकते हैं।

गर्मी से बचने के लिए 'शीतली प्राणायाम' है। इस प्राणायाम के अभ्यास से योगी गर्म रेगिस्तान के तपते क्षेत्र में भी झुलसने से बचते हैं।

'प्राण' शक्ति से ही योगी लोग भारी वजन उठाते हैं तथा सीने पर हाथी को चढ़ा सकते हैं। यह कुम्भक का बल है।

कुम्भक शक्ति अपार है, असीम है। सड़कों पर आप मोटर, बसें, साइकिलें दौड़ती देख रहे हैं। यह कुम्भक की शक्ति है। हवा निकाल दीजिए पहियों से फिर देखिए। वे चल न सकेंगी। रिम मुड़ जाएंगे। तब भी वे ही रिम थे? जो इतना वजन झेल रहे थे। बस में सवा सौ सवारियों का वजन है—बस भाग रही है। टायर-ट्यूब और रिम सुरक्षित हैं। हवा न रहे तो...? बस नहीं चलेगी। रिम टूट जायेंगे। ट्यूब कट जाएगी। क्यों? कुम्भक शक्ति नहीं रही।

प्राणायाम से मनुष्य भी में यह शक्ति आ जाती है।

3. सम्मोहन शक्ति

हिप्नोटिज्म या सम्मोहन के चमत्कार आपने भी देखे होंगे। इस विद्या को जानने के बाद कुछ लोग इसका प्रदर्शन भी करते हैं। धंधा करते हैं। रोटी-रोजी अर्जित करते हैं।

ऐसे दयालु और कल्याण करने की भावना रखने वाले भी हैं जो निःस्वार्थ भाव से इस विद्या के द्वारा लोकोपकार करते हैं। किसी के रोग का उपचार

करते हैं तो किसी के ऊपर अन्य के द्वारा किया सम्मोहन दूर करते हैं।

किन्तु ऐसे लोग भी संसार में हैं जो सम्मोहन विज्ञान का दुरुपयोग करते हैं किसी को वश में करके ये वशीकार गलत कार्य करा लेते हैं। किसी का तो जीवन ही तबाह कर डालते हैं। यह अनुचित है। ऐसे लोगों की सम्मोहन शक्ति भी अधिक दिनों तक स्थिर नहीं रहती है।

यह सम्मोहन शक्ति क्या है?

यह शक्ति विचार शक्ति है, मन की शक्ति है, प्राण शक्ति है।

मन को वश में करके, प्राणों के संयम से, इच्छा शक्ति के प्रयोग से यह संभव है।

मानसिक शक्तियों को अपनी सेविका बनाया जाता है।

यह अभ्यास भी योग का ही अभ्यास है।

यह शक्ति भी योग शक्ति है।

इसे सीखने के लिए योगाभ्यास की आवश्यकता है। अनेक यौगिक क्रियाएं करनी पड़ती हैं—

जैसे त्राटक।

यह त्राटक हठयोग का ही अंग है।

'प्राणायाम' हठयोग का भी अंग है। सम्मोहन विज्ञान के अभ्यास में भी प्राणायाम अनिवार्य है। यदि सम्मोहन कर्ता सम्मोहन द्वारा किसी का रोग दूर कर रहा है और प्राणायाम का अभ्यास नहीं है, कुम्भक नहीं कर सकता, तो रोग उसके सांस के द्वारा उसे भी लग सकता है। अतः प्राणायाम की नितान्त आवश्यकता सम्मोहन के लिए भी है।

4. सन्देश प्रेषण

श्वास के द्वारा सन्देश भी भेजे जा सकते हैं। आकाश तत्त्व में निरन्तर विद्युत तरंगें हैं प्राण तत्त्व भी इसी आकाश में हैं। विचारों की तरगें भी इसी में से जाती-आती हैं जिन्हें कोई कहीं भी रोक नहीं सकता। यदि कोई व्यक्ति किसी को सच्चे और पवित्र हृदय से चाहता है तो वह उसके पास सन्देश भेज सकता है। सन्देश भेजने वाले का मन भी पवित्र होना चाहिए। उसका उद्देश्य भी निष्कपट हो। ऐसा व्यक्ति अपने विचारों को प्राण की धारा तथा श्वास ताल द्वारा निर्मित विद्युत के माध्यम से अपने प्रिय का ध्यान और मन आकर्षित कर सकता है।

5. आत्म-रक्षा कवच

यह आत्म-रक्षा हथियारों से नहीं है बल्कि विचारों से है। कुछ लोगों के विचार दुष्ट होते हैं और वे प्रभावशाली होने पर दूसरों के अनिष्ट की सोचते रहते हैं। ऐसे लोगों से प्रायः उन्हें हानि पहुंचती है जिनका मनोबल कम होता है, इच्छा शक्ति कमजोर होती है। उन पर प्रभावशाली लोगों के बुरे विचारों का शीघ्र प्रभाव होता है।

ऐसे हीन और कमजोर मनोबल वाले अपने चारों ओर रक्षा कवच बना सकते हैं। यह विचारों की तरंगों का कवच होता है। विधि यह है कि जब भी गलत विचारों का आप पर प्रभाव होने लगे और आपको लगे कि इनसे रक्षा होनी चाहिए तो आप फौरन तालयुक्त सांसें लेकर अपने चारों ओर तथा अपने पास प्राणवायु की अधिकता कर लें। तब मानसिक कल्पना के द्वारा अपने चारों ओर एक गोल या अंडाकार काल्पनिक घेरा विचारों का बना लें। यह आपकी दुष्टविचारों से रक्षा करेगा। प्राणायाम की ही यह शक्ति है। यह प्राण शक्ति का चमत्कार है। इनके अतिरिक्त भी बहुत से चमत्कार योग और प्राणायाम के द्वारा होते हैं। प्राणायाम और योग का गहरा सम्बन्ध है। जिन लोगों को हम दिव्य तथा अलौकिक शक्तियों से सम्पन्न देखते हैं, उनके पास वे शक्तियां योग और प्राणायाम के द्वारा आयी हैं।

15. प्राणायाम में सावधानियां

बहुत से लोग कहते सुने जाते हैं कि जिस प्राणायाम की प्रशंसा में पुस्तकें भरी पड़ी हैं, उन्हें तो उससे लाभ नहीं प्रतीत हुआ। ऐसे लोगों से निवेदन है कि वे लोग पुनर्विचार करें।

प्राणायाम की विधियां ध्यान से समझनी चाहिए। पुस्तकों से न समझ आए तो किसी गुरु से सीखनी चाहिए।

'प्राणायाम' के अभ्यास में बहुत-सी सावधानियां रखनी चाहिए।

कहीं तो प्राणायाम की विधि गलत अपनाते हैं, कहीं अपनी प्रकृति के विरुद्ध अपना लेते हैं तो कहीं ऋतु के अनुकूल नहीं करते।

इस प्रकार हम देखते हैं कि प्रत्येक प्राणायाम प्रत्येक मनुष्य के लिए नहीं है।

प्राणायाम करने वाले निम्नलिखित बातों का ध्यान रखें।

1. प्राणायाम ऐसे स्थान पर न करें जहां सीलन, धूल, धुआं, और कोलाहल हो।

2. विधियां सही और शास्त्रोक्त अपनाई जायें।

3. सर्दी की ऋतु में शीतली, सीत्कारी और चन्द्रभेदी प्राणायाम नहीं करना चाहिए किन्तु पित्त प्रकृति वाले इन प्राणायामों का अभ्यास शीतकाल में भी कर सकते हैं, अन्य व्यक्ति नहीं।

4. वात-प्रकृति वाले—वायु विकारं वालों के लिए शीतकारी, सीत्कारी, शीतली, प्लावनी, केवली, कंठवायु और उदर पूरक प्राणायाम वर्जित है।

5. कमजोर शरीर वालों को भस्त्रिका, मुख प्रसारण पूरक, अग्निप्रदीप्त, हृदय स्तब्ध, नाड़ी अवरोध, वायवीय कुम्भक, एकांग स्तम्भ, सर्वांग स्तम्भ, प्राणायाम नहीं करने चाहिए। शेष प्राणायामों में से करें।

6. ग्रीष्म काल में भस्त्रिका, अग्नि प्रदीप्त, हृदय स्तम्भ, नाड़ी अवरोधक, मुख प्रसारण, सूर्यभेदी, एकांग स्तम्भ, सर्वांग स्तम्भ आदि प्राणायाम न करें। किन्तु कफ प्रकृति वाले इन्हें शीत प्रदेशों या पर्वतीय स्थानों पर गर्मी में भी क़र सकते हैं।

7. चंचल मन, विक्षिप्त बुद्धि वालों को एकाग्रता के लिए भ्रामरी, सर्वद्वार बद्ध, षण्मुखी रेचक, सूक्ष्म श्वास-प्रश्वास प्राणायाम करने उपयोगी होंगे।

8. ज्वर पीड़ित रोगियों और गर्भवती स्त्रियों को प्राणायाम नहीं करना चाहिए। सर्वथा भूख पीड़ित और भरे पेट भी ठीक नहीं है।

9. प्राणायामों के अभ्यास के लिए सिद्धासन, सुखासन, पद्मासन, वीरासन, योगासन, वज्रासन, स्वस्तिकासन उपयोगी रहते हैं।

16. प्राणायाम और कुण्डलिनी

'प्राणायाम' के विषय में तो आपने जान लिया है। यह कुण्डलिनी क्या है, जानने की इच्छा स्वाभाविक है। विस्तार से कुण्डलिनी के सम्बन्ध में आगे लिखेंगे। यहां इतना ही समझ लें कि यह ऊर्जा शक्ति है—दिव्य शक्ति का स्रोत है—जो आपके, सभी के मूलाधार में सुप्त अवस्था में विद्यमान है।

संसार के सभी मनुष्यों में यह शक्ति है।

जिन लोगों में हम दिव्य और अलौकिक शक्ति देखते हैं, उनकी यही ऊर्जा या ओज शक्ति जाग रही है या जाग चुकी है।

कुण्डलिनी शक्ति की कल्पना 'सर्पाकार' की गई है। 'भुजंगिनी' भी हठयोग ग्रंथों में कहा गया है। हठयोग प्रदीपिका तथा घेरण्ड संहिता में इसका पर्याप्त वर्णन मिलता है।

योग द्वारा इसी शक्ति को जगाया जाता है।

इस शक्ति का जागरण और समाधि की प्राप्ति समान मानी गई है।

योगदर्शन के व्याख्याकारों ने भी कुण्डलिनी के अस्तित्व को माना है।

इस कुण्डलिनी शक्ति का 'प्राणायाम' से बड़ा निकट का सम्बन्ध है।

कुण्डलिनी को जगाने में सर्वाधिक सहायता प्राणायाम से मिलती है। प्राणायाम के द्वारा ही 'प्राण और अपान' का मेल या टक्कर होना संभव है जिससे कुण्डलिनी-जागरण हो सकता है।

अनेक प्राणायाम ऐसे हैं जो मूलाधार पर धक्के प्राणों के द्वारा लगाकर कुण्डलिनी जागरण करने में सहायक हैं।

उदाहरणार्थ त्रिबन्ध रेचक प्राणायाम है जो सुषुम्ना के बंद द्वार को खोल सकता है और कुण्डलिनी शक्ति को जगाकर सुषुम्ना में प्रविष्ट कराने में सहायक होता है।

इसी प्रकार सर्वद्वार बद्ध प्राणायाम है। यह भी दिव्यता की उपलब्धि कराता है और कुण्डलिनी के जागरण की संभावना पैदा करता है।

हठयोग की जो अनेक मुद्राएं हैं—उनमें भी कुण्डलिनी को जगाने के ही प्रयास हैं। वे मुद्राएं भी प्राणायामों की सहायता की मोहताज हैं। बिना प्राणायाम के मुद्राएं सिद्ध नहीं हैं।

इसी प्रकार आसन हैं। आसन भी प्राणायामों के बिना अधूरे हैं। वे भी तभी कारगर हैं जब उनमें प्राणायामों को संयुक्त करते हैं।

प्राणायाम और आसन से भी कुण्डलिनी जागरण किया जाता है।

भाग—2

कुण्डलिनी

भाग–2

1. कुण्डलिनी क्या है?

हमारा यह शरीर पांच तत्त्वों से मिलकर बना है, जो प्रकृति के अंश मात्र हैं। मृत्यु के पश्चात शरीर नष्ट हो जाता है। किन्तु वे तत्त्व नष्ट नहीं होते। अग्नि, अग्नि में, जल, जल में, वायु, वायु में, आकाश, आकाश में, मिट्टी, मिट्टी में मिल जाता है। केवल एक चीज है जो नष्ट नहीं होती, नमरती, नजलती है और इस शरीर को छोड़कर चली जाती है, वह है–आत्मा।

यह आत्मा क्या है?

इसके विषय में अलग-अलग धर्म-सम्प्रदायों में धारणा अलग-अलग है। वेद मत के अनुसार आर्य लोग इस आत्मा को अजर-अमर मानते हैं और यह वैदिक धर्म के अनुसार ईश्वर और प्रकृति की भांति अनादि है। वेदान्त दर्शन इसी आत्मा को परमात्मा या ब्रह्म का ही अंश कहता है। वैदिक धर्मावलम्बी आर्यसमाजी इसे ब्रह्म से पृथक अल्पज्ञ जीव मानते हैं, जो कर्मानुसार जन्म लेता है, भोगता है।

यही आत्मा अपने वास्तविक रूप को पहचानने पर कितनी शक्ति प्राप्त कर लेता है, यह विषय योग की दृष्टि से विचारणीय है।

योग के द्वारा, साधना के द्वारा, साधक अलौकिक शक्तियां प्राप्त कर लेता है। ऐसी शक्तियां, जिन्हें देखकर सामान्य लोग तो उसे अवतार मान बैठते हैं। कोई उसे महामानव, महापुरुष, तो कोई सिद्ध कहकर पूजने लगते हैं।

यह शक्ति है कुण्डलिनी शक्ति।

कुण्डलिनी जागने पर ही यह सब उपलब्धियां होती हैं।

इस कुण्डलिनी के पास अद्भुत ऊर्जा है। यह कुण्डलिनी जागने पर शांत या निष्क्रिय नहीं रहती, अपितु साधक को अपरिमित शक्तियों का स्वामी बना देती है।

योग के महान आचार्यों ने कुण्डलिनी के आकार का जो चित्रण किया है, वह सर्पाकार कुण्डली मारे बैठी एक नाड़ी जैसी है–यही ऊर्जा का स्रोत है।

यह कुण्डलिनी मेरुदण्ड के सबसे निचले भाग में सोयी पड़ी रहती है। जैसे सांप ने साढ़े तीन कुण्डल मार रखे हों। सांप के आकार में मानने के कारण ही योगियों ने इसे कुण्डलिनी कहा है।

इसका नीचे वाला सिरा पतला और ऊपरी भाग मोटा-फैला है। जैसे सांप की दुम पतली और फन चौड़ा होता है। ऐसी कल्पना या धारणा कुछ योगियों की है।

जिस प्रकार सांप जब कुण्डली लगाये पड़ा रहता है तो शांत और निष्क्रय होता है और जागने पर गतिशील हो जाता है, इसी प्रकार कुण्डलिनी भी जागृत होने पर क्रियाशील हो जाती है और साधक को नई-नई अनुभूतियां होती हैं। एक विचित्र ऊर्जा प्राप्त होती है।

सर्प जब कुण्डली खोलना शुरू करता है और चलने के लिए तैयार होता है तो दुम उसके फन के निकट होती है। धीरे-धीरे वह उठता है। कुण्डली खुलती चली जाती है सांप चल पड़ता है सम्पूर्ण कुण्डली खुल जाती है। इसी प्रकार कुण्डलिनी खुलती है और ऊपर की ओर चलती है। बीच के चक्रों को बींधती, पार करती सुषुम्ना के समानान्तर, वह मस्तिष्क की ओर बढ़ती चली जाती है। जब वह 'सहस्रार' में पहुंचती है तो सांप के फन की भांति फैल जाती है। अपनी ऊर्जा की शक्ति पर वह दुम के बल सीधी खड़ी हो जाती है। इसका इसकी मंजिल पर पहुंचना ही साधना का लक्ष्य होता है।

योग और साधना कुण्डलिनी को जगाने के लिए ही की जाती है। कुण्डलिनी जागृत होने पर उसका फल अवश्य होता है। उसका जागरण निष्फल नहीं जाता। अच्छा-बुरा परिणाम अवश्य निकलता है।

मौन पड़ी हुई यह कुण्डलिनी यदि अनुचित ढंग से छेड़ी जाती है तो हानि की भी संभावना होती है। इसे विधिपूर्वक ही जगाना चाहिए। सतर्कता रखकर जगाने पर ही सुपरिणाम निकलते हैं।

यह कुण्डलिनी बुद्धि और ज्ञान का भण्डार है। जागृत हो जाने पर योगियों को अद्‌भुत शक्तियां प्राप्त होती हैं।

स्वामी विवेकानन्द जी के अनुसार 'इड़ा' और 'पिंगला' नाम के दो शक्ति-प्रवाहों और मेरुदंड मज्जा के बीच सुषुम्ना नाड़ी है, जिसके बीच में से यह कुण्डलिनी ऊपर उठती जाती है। इस सुषुम्ना नामक शून्य नाड़ी के सबसे नीचे कुण्डलिनी का आधारभूत पद्म अवस्थित है। स्वामी जी ने कहा है कि यह अनुभवी योगियों का कथन है। योगियों की रूपक भाषा में कुण्डलिनी शक्ति उस स्थान पर कुण्डलाकार विराज रही है। जब यह जगती है तो वह इस शून्य नाड़ी के भीतर से मार्ग बनाकर ऊपर से उठने का प्रयास करती है। ज्यों-ज्यों वह एक-एक सोपान ऊपर उठती जाती है, त्यों-त्यों मन के स्तर पर स्तर खुलते जाते हैं और योगी को अनेक प्रकार के अलौकिक दर्शन होने लगते हैं। अद्‌भुत शक्तियों की प्राप्ति होने लगती है। योगी सम्पूर्ण रूप से शरीर और मन से पृथक हो जाते हैं और उनकी आत्मा अपने मुक्त स्वभाव की उपलब्धि करती है।

अंग्रेजी के आठ (8) के अंक को यदि पड़ा रखें (००) और इसे एक के ऊपर एक रखते चले जायें तो जैसा यह तब दीखेगा, मेरु मज्जा भी ऐसी आकृति में दीखती है। मेरु मज्जा के बाईं ओर इड़ा है और दाईं ओर पिंगला और जो शून्य नाड़ी मेरु मज्जा के बीच से गई है, वही सुषुम्ना है। कटि

प्रदेशस्थ मेरुदण्ड की कुछ अस्थियों के बाद ही मेरु-मज्जा समाप्त हो गई है, परन्तु वहां से भी धागे के समान एक बहुत ही सूक्ष्म पदार्थ बराबर नीचे उतरता गया है। सुषुम्ना वहां भी अवस्थित है। परन्तु वहां बहुत सूक्ष्म हो गई है। नीचे की ओर उस नाली का मुंह बंद रहता है उसके निकट ही कटि प्रदेशस्थ नाड़ी जाल अवस्थित है। आजकल के शरीर विधान शास्त्र के मत से वह त्रिकोणाकार है। इन विभिन्न नाड़ी जालों के केन्द्र मेरुमज्जा के भीतर अवस्थित हैं। वे नाड़ी जाल योगियों के भिन्न-भिन्न पद्मों या चक्रों के तौर पर लिए जा सकते हैं।

योगियों का कहना है कि सबसे नीचे मूलाधार से लेकर मस्तिष्क में स्थित सहस्त्र दल पद्म तक कुछ केन्द्र हैं। यदि हम उन पद्मों को पूर्वोक्त नाड़ी जाल मान लें तो आजकल के शरीर विज्ञान के द्वारा सहज ही योगियों की बात समझ में आ जायेगी।

हमारे स्नायुओं के भीतर दो प्रकार के शक्ति प्रवाह हैं। उनमें एक को अन्तर्मुखी, दूसरे को बहिर्मुखी, एक को ज्ञानात्मक और दूसरे को गत्याआत्मक, एक को केन्द्र की ओर जाने वाला और दूसरे को केन्द्र से दूर जाने वाला कहा जा सकता है। उनमें से एक मस्तिष्क की ओर संवाद ले जाता है और दूसरा मस्तिष्क से बाहर, समुदाय अंगों में। परन्तु अन्त में ये प्रवाह मस्तिष्क से संयुक्त हो जाते हैं।

यह मेरु मज्जा मस्तिष्क में जाकर एक प्रकार के वाल्ब में—एक अण्डाकार पदार्थ में अन्त हो जाती है। जो मस्तिष्क के साथ संयुक्त नहीं है, बल्कि मस्तिष्क में जो एक तरल पदार्थ है, उसमें तैरता रहता है। अतः सिर पर लगने वाला आघात उस तरल पदार्थ में बिखर जाता है और उस वाल्ब जैसे अंडाकार पदार्थ को चोट नहीं लगती। यह महत्त्वपूर्ण बात हमें समझ लेनी चाहिए। दूसरे यह भी जान लेना होगा कि इन सब चक्रों में से सबसे नीचे स्थित मूलाधार, मस्तिष्क में स्थित सहस्त्रार और नाभिप्रदेश में स्थित मणिपुर—इन तीन चक्रों की बात हमें विशेष रूप से ध्यान में रखनी होगी।

जो स्नायुकेन्द्र श्वास-प्रश्वास यंत्रों को नियंत्रित करता है, उसका सारे स्नायु प्रवाही पर भी कुछ-न-कुछ अधिकार है। यह केन्द्र छाती के ठीक पीछे, मेरुदंड में (कमर-बांस) में अवस्थित है। यह सांस लेने-छोड़ने वाले यन्त्रों को नियमित करता है और दूसरे जो स्नायुचक्र हैं, उन पर भी प्रभाव डालता है। अतः प्राणायाम द्वारा श्वास-प्रश्वास यंत्रों पर, केन्द्रों पर आधिपत्य करके साधक लोग कुण्डलाकार में मूलाधार में अवस्थित कुण्डलिनी को जागृत करते हैं।

बेतार के तार द्वारा संवाद एक स्थान से दूसरे स्थान पर पहुंचते हैं। प्रकृति में भी ऐसे व्यापार घटते हैं। योगियों का कथन है कि जिस प्रकार तार के समान तन्तुओं द्वारा मस्तिष्क संवाद भेजता—ग्रहण करता है, उसी प्रकार

बिना ऐसे पदार्थों की सहायता के भी शक्ति प्रवाह चलाये जा सकते हैं।

यदि मेरुदंड स्थित सुषुम्ना के भीतर से स्नायु प्रवाह चलाया जाये तो यह संभव है। सुषुम्ना पर विजय पाना संभव हो सकता है।

सामान्य मनुष्यों में सुषुम्ना नीचे की ओर बंद रहती है।

उससे कोई कार्य नहीं होता।

योगियों का कथन है कि इस सुषुम्ना का द्वार खोलकर उससे शक्ति प्रवाह चलाने की—स्नायु प्रवाह चलाने की एक निर्दिष्ट प्रणाली है। उस साधना में सफल होने पर स्नायु प्रवाह उसके भीतर से चलाया जा सकता है। बाह्य विषय के स्पर्श से उत्पन्न प्रवाह जब किसी केन्द्र पर पहुंचता है, तब उस केन्द्र से एक प्रतिक्रिया होती है। स्वचालित केन्द्रों में उन प्रतिक्रियाओं का परिणाम गति होती है। परन्तु चेतना-केन्द्रों में पहले अनुभव बाद में गति होती है। सारी अनुभूतियां बाहर से आई हुई क्रियाओं की प्रतिक्रिया मात्र हैं। हमें अनुभूतियां स्वप्न में भी होती हैं, जबकि बाहर से कोई क्रिया नहीं होती। अतः यह स्पष्ट है कि विषय के अभिघात से पैदा हुई स्नायुविक गतियां शरीर के किसी-न-किसी स्थान पर अवश्य अव्यक्त भाव से रहती हैं। विषय अभिघात से उत्पन्न शक्तियां या गति प्रवाह या संवेदनाएं शरीर के किसी स्थान पर कुण्डलीकृत होकर विद्यमान अवश्य हैं। जिस केन्द्र में विषय-अभिघात से उत्पन्न गतिप्रवाहों के बचे हुए अंश या संस्कार समूह संचित रहते हैं वह मूलाधार है और उस कुण्डलीकृत क्रिया शक्ति को कुण्डलिनी कहते हैं।

गति शक्तियों का अवशिष्ट अंश भी यही कुण्डलीकृत है। इसी स्थान पर संचित है।

बाह्य विषयों पर लम्बे समय चिन्तन-मनन से; जिस स्थान पर मूलाधार है, उसे गर्म होते देखते हैं।

यदि इस कुण्डलिनी की शक्ति को जगाकर सुषुम्ना में से प्रवाहित करते हुए एक केन्द्र से दूसरे केन्द्र के ऊपर लाया जाये तो वह ज्यों-ज्यों विभिन्न केन्द्रों पर क्रिया करेगी, त्यों-त्यों प्रबल प्रतिक्रिया होती है।

जब शक्ति का मामूली-सा अंश किसी स्नायु तन्तु के भीतर से प्रवाहित होकर विभिन्न केन्द्रों से प्रतिक्रिया उत्पन्न करता है, तब वही स्वप्न अथवा कल्पना के नाम से अभिहित होता है। किन्तु जब मूलाधार में संचित अपार शक्ति भंडार उद्‌भूद्ध होता है और सुषुम्ना नाड़ी में भ्रमण करता है और विभिन्न केन्द्रों पर आघात करता है तो उस समय जो प्रतिक्रिया होती है वह अत्यन्त प्रबल है। वह स्वप्न अथवा कल्पनाकालीन शक्ति से तो अनन्त गुनी श्रेष्ठ होती है। यही तो अतीन्द्रिय अनुभूति है।

यही शक्ति जब मस्तिष्क तक जा पहुंचती है तो सम्पूर्ण मस्तिष्क और उसके प्रत्येक परमाणु से मानो प्रतिक्रिया होने लगती है। जिसके परिणाम है ज्ञानोदय। ज्ञान का पूर्ण प्रकाश। आत्मानुभूति। कुण्डलिनी शक्ति जैसे-जैसे

एक केन्द्र से दूसरे तक पहुंचती है तब मानो मन का एक-एक पर्दा खुलता चला जाता है। तब योगी इस जगत की सूक्ष्म या कारण अवस्था की उपलब्धि करते हैं। सारे विषयों का पूर्ण ज्ञान प्राप्त हो जाता है।

इस प्रकार कुण्डलिनी को जगाना ही तत्त्व-ज्ञान, ज्ञानातीत अनुभूति का एकमात्र उपाय है।

कुण्डलिनी को जगाने के अनेक उपाय हैं। किसी की कुण्डलिनी भगवान के प्रति प्रेम के बल से ही जागृत हो जाती हैं, किसी की सिद्ध महापुरुषों की कृपा से और किसी की सूक्ष्म ज्ञान विचार द्वारा। लोग जिसे अलौकिक शक्ति या ज्ञान कहते हैं, उसका जहां कहीं कुछ प्रकाश दिखाई पड़े तो समझ लीजिए कि वहां कुछ परिणाम में यह कुण्डलिनी शक्ति सुषुम्ना के भीतर किसी तरह प्रवेश कर गई है।

प्रत्येक मनुष्य के भीतर यह प्रकृति जीवन्त शक्ति है। यह अनन्त ज्ञान, सुख और शक्ति की जननी है। यही सोया हुआ बिन्दु—यही कुण्डलिनी जागने पर मनुष्य को देवता, सिद्ध या महापुरुष बना देती है।

2. कुण्डलिनी जागरण से परिवर्तन

कुण्डलिनी जब जगाती है, तब बड़ा परिवर्तन होने लगता है। हमारे इस शरीर में अनेक प्रकार की ऊर्जाएं हैं।

कुछ ऊर्जाएं सामान्यतः जागृत रहती हैं। क्योंकि दैनिक क्रियाकलाप उनके बल पर चलते हैं।

बहुत-सी ऊर्जा विशेष भी शरीर में हैं जो सुप्त पड़ी रहती हैं।

अनेक लोग यूं ही मर जाते हैं, उनकी वह ऊर्जा कभी जागृत नहीं होती। वह शक्ति शरीर के साथ चली जाती है।

उस ऊर्जा—उस अपार शक्ति पुंज के जागरण से मानव का समस्त व्यक्तित्व, समस्त शरीर, समस्त स्वभाव और सोचें बदल जाती हैं।

मानव मन बड़ा चंचल है। यह चारों ओर भागता है।

इसकी उपमा योगियों ने घोड़ों से दी है जिनकी लगाम काबू में न रहे तो वह बेकाबू होकर भाग जाते हैं।

कुण्डलिनी जागरण के बाद मन सदैव वश में रहता है।

समस्त मानसिक शक्ति या मनुष्य की दासी बनकर उसकी इच्छानुसार चलने लगती हैं।

विस्तृत रूप से चर्चा करें, तो प्रायः कुण्डलिनी जागृत हो जाने पर निम्नलिखित लाभ या परिणाम दृष्टिगोचर होते हैं—

(क) अज्ञानता नष्ट

कुण्डलिनी जागृत हो जाने पर मानव का सारा अज्ञान नष्ट हो जाता है और एक अद्‌भुत ज्ञान का प्रकाश फैल जाता है।

एक दिव्य अलौकिक ज्ञान की उसे अनुभूति होती है जो उसके चारों ओर फैले अज्ञान के अंधेरों को नष्ट कर डालता है और मनुष्य सारे विषयों का ज्ञान प्राप्त कर लेता है। विषय स्पर्श से हुई संवेदना और उसकी प्रतिक्रिया स्वरूप जो जगत के कारण हैं, उनका स्पष्ट, यथार्थ स्वरूप भी ज्ञान हो जाता है। क्योंकि कारण को जानने पर कार्य का भी ज्ञान हो जाता है।

जिन बातों को—जिन रहस्यों को मनुष्य बड़े-बड़े ग्रंथों के पठन-पाठन से नहीं खोज पाता, उन रहस्यों को कुण्डलिनी जागने पर जान लेता है।

योगीजनों का कथन है कि वेदमंत्रों के गूढ़ अर्थों को भी जानना फिर कठिन नहीं है। यह ज्ञान हो जाता है कि हम क्या हैं, क्या होंगे, क्या थे?

यही आत्मा 'सर्वज्ञ' बन सकती है, ऐसा भी योग दर्शन कहता है।

(ख) आत्मानुभूति

कुण्डलिनी जागरण से आत्मा के वास्तविक स्वरूप को योगी पहचान लेता

है। जान लेता है कि वास्तव में जो स्वरूप वह अब तक देख रहा था, वह देह स्वरूप वास्तविक नहीं है बल्कि उसका असली रूप तो और ही है।

वह है आत्मस्वरूप।

आत्मा का असली रूप।

वह आत्मा ही परमात्मा का अंश है, यह वास्तविक स्वरूप है या परमात्मा से पृथक उसी की शक्ति का कोई रूप है, इसका भी अनुभव हो जाता है।

ऋषियों ने ऐसे अनुभव प्रत्यक्ष किये हैं।

योगीराज भगवान श्री कृष्ण ने ऐसी अनुभूति प्रत्यक्ष की थी। स्वामी रामकृष्ण परमहंस, स्वामी विवेकानन्द, स्वामी दयानन्द, भीष्मपितामह, गोपीचन्द, पूरण आदि ने योग साधनाएं की हैं। प्राचीन ऋषि-मुनियों ने तो प्रत्यक्ष ऐसे ज्ञान की अनुभूतियों के आधार पर ही वेद शास्त्रों, उपनिषदों और सूत्रों की रचनाएं की हैं।

कुण्डलिनी जागरण के विषय में स्वामी विवेकानन्द का तो मत यह है कि जो महान् परिवर्तन या उपलब्धियां किसी को ईश्वर भक्ति या प्रार्थना के फलस्वरूप प्राप्त होती हैं, या दिव्य अनुभूतियां होती हैं, वे शायद यह नहीं जानते हैं कि वे अपनी ही देह में स्थित अनन्त शक्ति के एक बिन्दु को जगाने में समर्थ हो गए हैं। मनुष्य बिना जाने, जिसके विभिन्न नामों से, डरते-डरते और कष्ट उठाकर उपासना करता है, उसके पास किस प्रकार अग्रसर होना होगा, यह जान लेने पर समझ में आ जाएगा कि वह प्रत्येक व्यक्ति के अन्तर में प्राकृत जीवन्त शक्ति के रूप में विद्यमान है। यह यही कुण्डलिनी शक्ति है। यही दिव्य शक्ति है।

(ग) इच्छा शक्ति में अपार वृद्धि

मनुष्य जब अपनी कुण्डलिनी शक्ति को जगाने में समर्थ हो जाता है तो उसकी इच्छा शक्ति इतनी प्रबल हो जाती है कि वह जो चाहता है, वह होकर रहता है। जिस वस्तु की उसे इच्छा होती है, वह प्राप्त हो जाती है। वह अपनी इच्छानुसार लोगों को चलाता है। समूह-के-समूह, अपार भीड़ उसके पीछे चल पड़ती है। उसका एक-एक वाक्य जनता का वाक्य बन जाता है। समाज उसे पूज्य मानने लगता है।

(घ) आत्मबल

आत्मबल सबसे बड़ी शक्ति है। जिसके पास यह शक्ति है उसके पास सारी शक्तियां स्वतः आ जाती हैं। शारीरिक और मानसिक सारी शक्तियां उसकी इच्छा के अनुसार चलती हैं। अपने आत्मबल के सहारे योगी संसार को वश में करते हैं। बड़े-से-बड़े कष्ट, कठिनाइयों के सागर और बाधाएं वे हंसते-मुस्कुराते पार कर जाते हैं।

आत्मशक्ति से सम्पन्न व्यक्तियों को जीवट वाला कहते हैं। ऐसे लोगों को कितनी भी चोट लग जाये, उन्हें कभी कराहते, रोते या दुःखी होते नहीं देखा

जा सकता। क्योंकि वे आत्मिकशक्ति से सम्पन्न होते हैं जिससे उनकी सहन शक्ति असीम होती है।

(ङ) दुःखों का नाश

सच्चे योगी को कोई दुःख नहीं होता। जिसने कुण्डलिनी को जगा लिया उसने अपने जीवन से सभी दुःखों को भगा दिया। उसके जीवन में दुःख नाम की कोई चीज नहीं रहती। क्योंकि दुःखों की उत्पत्ति स्वार्थ और मोह से है। कुण्डलिनी जागरण के बाद मानव राग-द्वेष से परे हो सकता है। वह निःस्वार्थ भावों से सम्पन्न हो सकता है। जब स्वार्थ नहीं रहेंगे तो दुःख भी नहीं रहेंगे। जिस व्यक्ति ने सभी स्वार्थों का त्याग कर दिया हो, वह बिना कुण्डलिनी जगे भी दुःखों से छुटकारा पा गया। कुण्डलिनी शक्ति जागने पर तो इतना ज्ञान हो जाता है कि मनुष्य स्वार्थों का त्याग बड़ी सरलता से कर लेता है। दुःख का एक कारण है सीमित मोह। जैसे बन्धु, पुत्र-पुत्रियां, भाई-बहन, माता-पिता, पत्नी आदि का मोह। मोहान्ध व्यक्ति भले-बुरे कार्यों में उलझता है, असफलताओं से दुःखी होता है या 'अपनो' के दुःखों से पीड़ित व दुःखी होता है। कुण्डलिनी जगाने में सफल होने पर मनुष्य ऐसे बन्धनों से मुक्त हो जाता है, वह स्वयं को वास्तविक रूप में देख लेता है।

(च) सुख और आनन्द की अनुभूति

वास्तविक सुखों और आनन्द की अनुभूति मनुष्य को तभी होती है जब वह 'मुक्त' हो जाता है। जब तक मनुष्य बन्धनों में बंधा है, तब तक उन अलौकिक सुखों और असीम आनन्द को प्राप्त नहीं कर सकता। कुण्डलिनी जागृत हो जाने पर क्षुद्र बंधनों से मनुष्य मुक्त हो जाता है। उसकी दृष्टि में संसार का हर प्राणी समान हो जाता है। सेवाभाव से वह भर जाता है। उसे चारों ओर अच्छाइयां, गुण और प्रेम दिखाई देता है। वह प्रभुमय और प्रेममय हो जाता है। ईश्वरत्व जैसी महानता उसमें आ जाती है, वह आनन्दमय हो जाता है। सुख उसके चहुं ओर बिखर जाते हैं। उसे तो बस आनन्द और सुखों की ही अनुभूतियां प्रति क्षण होती हैं।

(छ) भय का नाश

भय और आशंकाओं का नाश हो जाता है। जब इतना ज्ञान हो जाता है कि हम उसी अखण्ड, अनन्त और असीम सत्ता से जुड़े हैं जिसके कारण सृष्टि है, जो जगत का रक्षक, पालक और सृजक है, तब भय कैसा? भय तभी तक है जब तक जीवात्मा दुर्बल है। आत्मा को अपनी असली शक्ति जब प्राप्त हो जाती है तो भय नहीं रहता। जो ऊर्जा कुण्डलिनी में है, उससे भय तो भस्म हो जाता है। आत्मज्ञान हो जाने पर यह ज्ञात हो जाता है कि हम क्या हैं। हम वह प्राणी हैं जो ईश्वर की सर्वश्रेष्ठ और सर्वशक्तिमान रचना है। सृष्टि में इस मानव से विकसित और शाक्तिशाली प्राणी नहीं हैं। बल-बुद्धि और

ज्ञान सभी इसके पास असीम है। इतने पर भी यह जान लिया जाये कि हममें भी वही एक शक्ति प्रवाहित है जो चारों ओर व्याप्त है तो किसका भय?

(ज) आत्मविश्वास?

अपने ऊपर इतना विश्वास अन्तर्ज्ञान होने पर हो जाता है कि हमें कुछ भी असम्भव नहीं लगता है।

साधारण लोगों में भी देखिए। जिसे आत्मविश्वास है, वह असम्भव को भी सम्भव कर दिखाता है। संसार में जितने बड़े-बड़े कार्य हुए हैं, वे सब आत्मविश्वास के सहारे किये गए हैं। यदि आत्मविश्वास की दृढ़ता न होती तो वैज्ञानिकों को अद्भुत आविष्कार करने में सफलताएं न मिलतीं। जिन आविष्कारों से आज हम लाभान्वित हो रहे हैं वे उनकी अटूट साधनाओं के फल हैं।

स्वामी विवेकानन्द ने तो यहां तक कहा है कि जिस मनुष्य में आत्मविश्वास नहीं है, वह नास्तिक है।

यही आत्मविश्वास किसी मनुष्य में जाग जाये तो वह असाधारण कार्य कर दिखाता है।

कुण्डलिनी शक्ति जागने पर यह आत्मविश्वास पूर्णरूपेण जागृत हो जाता है।

ऐसे साधक के लिए कोई मानवोचित कार्य असम्भव नहीं है। ऐसा अटल विश्वास हो जाता है।

(झ) ईश्वर प्राप्ति

जिस सृष्टिकर्ता, परमपिता, परमेश्वर की खोज में भक्तजन भटकते हैं, उस ईश्वर से उस साधक योगी का साक्षात्कार हो सकता है, जिसकी कुण्डलिनी जागृत हो जाती है। निराकार, निर्गुण से साक्षात्कार कैसे हो जाता है? यह समझने की बात है। इसे आप स्वयं साधना करके स्वयं योगाभ्यास करके समझ सकते हैं। वास्तव में ईश्वर क्या है? यही समझने की बात है और यह समझने के लिए अपने अन्तर में झांकना पड़ेगा। आत्मस्वरूप को पहचानना पड़ेगा। स्वयं को जानने पर ही ईश्वर को जाना जा सकता है। योग विद्या से यह जाना जा सकता है कि हम क्या हैं? ईश्वर क्या है? उसकी शक्ति किस रूप में इस समस्त सृष्टि में व्याप्त है। वही एक अनन्त सत्ता कैसे प्रत्येक वस्तु में प्रवाहित है। वेदान्त के अनुसार हम ईश्वर में हैं, ईश्वर हम में है और हम सबमें एक ही तत्त्व है—आत्म तत्त्व एक ही है जिस पर भिन्न आवरण हैं। हमारे शरीर आवरण हैं। अपने-अपने संस्कार लिए हमारे मनस्तत्त्व भिन्न-भिन्न योनियों में जाते हैं। योग साधना और कुण्डलिनी जगने पर इस सत्य को जाना जा सकता है कि ईश्वर का वास्तविक स्वरूप क्या है? यह ज्ञान ही ईश्वर प्राप्ति है। फिर मनुष्य निगुण सगुण के विवाद में नहीं पड़ता। वह धर्म-सम्प्रदाय के नाम पर भी झगड़ा नहीं कर सकता। क्योंकि वह दुःख, सुख, राग-द्वेष, प्रतिद्वन्द्विता, अज्ञान-रूपी कारणों से ऊपर उठ जाता है। उसकी

अपनी देह में भी आसक्ति नहीं रहती है। वह तो ईश्वर में ही लीन होना चाहता है।

(ञ) इच्छा-मृत्यु

जो साधक कुण्डलिनी जागरण के बाद और अधिक योग साधना करके पूर्ण योगी बन जाते हैं वे अपने उदान नामक स्नायुविक शक्ति प्रवाहों,(शरीर के ऊपरी भाग को चलाने वाले, फेफड़ों आदि) पर जय प्राप्त कर लेते हैं वे इच्छा–मृत्यु को प्राप्त करते हैं अर्थात् वे जब चाहते हैं, तब मरते हैं। ऐसी इच्छा–मृत्यु को प्राप्त करने वाले योगी या अखण्ड ब्रह्मचारी ही होते हैं। इतिहास में भीष्मपितामह का नाम अल्लेनीय है जो छः माह बाणों की शैया पर पड़े रहे और जिस मोसम में प्राण छोड़ने की इच्छा थी, तभी छोड़े। योगी भी इसी प्रकार के इच्छा–मृत्यु को प्राप्त करते हैं। उन्हें मृत्यु का पूर्वाभास हो सकता है या वे जब चाहते हैं तब शरीर को छोड़ते हैं।

(ट) कठिनाइयों पर विजय

सांसारिक, व्यावहारिक कुछ ऐसी भी कठिनाइयां हैं जो किसी के भी मार्ग में आती हैं। जैसे मार्ग में आने वाला अथाह जल, कांटे और आग योगी पर वे प्रभाव नहीं डाल सकते। वह जल में नही डूबता, कांटे नहीं चुभते और आग में नहीं जल सकता। कुण्डलिंनी जागरण से ऐसा पूर्ण योगी बना जा सकता है। जब योगी स्वयं को वायु जैसा हलका कर सकता है, जब वह कांटों की नोक या तलवार की धार पर चल सकता है। उनका शरीर इतना समर्थ हो जाता है। उनकी आत्मा शक्तिशाली हो जाती है।

(ठ) अपरिमित शरीर-बल

योगी में शारीरिक बल भी अपरिमित हो सकता। स्वामी दयानन्द के सम्बन्ध में ऐसी कई घटनाएं साक्षी हैं जब उन्होंने अपने शारीरिक बल का परिचय देकर लोगों को चकित किया। यह निश्चित है कि इस युग में स्वामी दयानन्द सच्चे अर्थों में योगी हुए हैं और उन्होंने 'पातंजल योग सूत्र' के अनुसार योगाभ्यास किया था। निश्चित रूप से उस योगी की कुण्डलिनी जागृत हो गयी थी। उन्हें अनेक बार जल पर पद्मासन में समाधि लगाये देखा गया, दो हिंसक सांड़ों को लड़ते हुए, सींग पकड़कर छुड़ाया, सरदार विक्रमसिंह की दो घोड़ों की गाड़ी की पहिया पकड़ कर रोक दिया, दो बैलों से कीचड़ में से न निकल पायी गाड़ी को अकेले एक बार में निकाला, यह योग का अपार बल था और 'पातंजल योग सूत्र' में वर्णित सूत्र 'बलेषु हस्तिबलादीनि' को सार्थक कर दिखाया। इस सूत्र का भावार्थ है कि हाथी की शक्ति में मन का संयम करने से हाथी जैसा बल आ जाता है। यह शक्ति योग और कुण्डलिनी जागरण से प्राप्त होती है।

3. कुण्डलिनी और जीवन-व्यवहार

इस कुण्डलिनी शक्ति का हमारे जीवन-व्यवहार में क्या महत्त्व है, यह हमने पिछले अध्याय कुण्डलिनी जागरण से परिवर्तन में भी लिख दिये हैं। क्योंकि वे परिवर्तन भी इसी जीवन में होते हैं और व्यवहार में भी आते हैं।

उन परिवर्तनों से लाभान्वित होने के साथ-साथ ही कुण्डलिनी जागरण से हमें अपने जीवन में सारी उपलब्धियां होती हैं।

जीवन में हम जो पाते हैं, उसमें कुछ हमारे पूर्वजन्म के संस्कारों का फल है। कुछ हमारे प्रयासों और अर्जन शक्ति का परिणाम है।

पूर्वजन्म के संस्कारों और कर्मों के परिणामस्वरूप जो मिला है, उसे तो हम नहीं बदल सकते किन्तु हम अपने जीवन, अपने परिश्रम, बुद्धि और प्रयासों से बहुत कुछ प्राप्त कर सकते हैं।

योग की साधना भी प्रयास है।

हम लोग अपनी साधना और भक्ति भावों से पर्याप्त उन्नति कर सकते हैं।

कुण्डलिनी जगाने के लिए भी साधना की जाती है।

यह साधना भी एक तप है। एक श्रम है। एक उद्योग है।

इस श्रम और साधना का परिणाम होता है। शारीरिक और आत्मिक शक्तियों की प्राप्ति। आध्यात्मिक प्रवृत्ति हो जाती है।

व्यक्ति यदि योग की ओर जाता है तो पूर्ण योगी बनकर ईश्वरीय ज्ञान की उपलब्धि करके सर्वगुणों से सम्पन्न बन सकता है और यदि सांसारिक बंधनों में रहता है तब भी कुण्डलिनी जागरण के बाद वह अपने जीवन में अनेक परिर्वतन पाता है।

कोई व्यक्ति यदि राजनीतिक क्षेत्र में कार्य करते-करते योगाभ्यास या कुण्डलिनी जागरण के प्रयास करता है तो वह पर्याप्त ऊंचाईयों तक उसी क्षेत्र में पहुंच सकता है तथा सच्चे अर्थों में देश सेवक बनकर नाम कमाता है।

यदि वह अध्यात्म शक्तियों को जगाकर समाज सेवा करता है, लोगों से सदाचार या धर्म का प्रचार करता है तथा योग व अध्यात्म का प्रचार ही करता है तो वह व्यक्ति आध्यात्मिक क्षेत्र में ऊचाइयों पर पहुंच जाता है। कुण्डलिनी मस्तिष्क तक ऊर्जा को ले गई तो लोग उसे भगवान तक मान बैठते हैं। किसी सीमा पर आकर कुण्डलिनी रुक गयी या उसमें दम्भ, अभिमान आदि पैदा होकर वह 'गुरु' बनने के चक्कर में फंस गया तथा अपनी जिम्मेदारियों को भूल गया तो पतन निश्चित है। जिस तीव्रता से वह ऊंचाईयों पर पहुंचता है, उसी तीव्र गति से नीचे आ सकता है।

बहुत से लोगों की कुण्डलिनी अनायास ही जाग जाती है।

अशिक्षित व्यक्ति भी कुण्डलिनी जाग पड़ने पर अचानक अनेक गुणों से

युक्त एक योग्य व्यक्ति बन जाता है। उसकी रुचि अध्ययन में हो जाती है, धर्म-कर्म में लग जाता है और बोल-चाल का ढंग बदल जाता है। उसका व्यवहार भी शिष्ट और सौम्य हो जाता है। पहले वह जिन अवगुणों से भरा होता है, वे सब अचानक न जाने कहां भाग जाते हैं और लोग उसके व्यवहार पर दंग रह जाते हैं। यह सब कुण्डलिनी खुलने या किसी चक्र तक पहुंचने की ही करामात होती है। कहीं पूर्णरूप से कुण्डलिनी ऐसे व्यक्ति की खुल जाती है तो वह दिव्य ज्ञान की अनुभूति करता है।

इस्लाम के प्रवर्तक मुहम्मद साहब के बारे में कुछ विद्वानों ने यही अनुमान लगाया है कि अनपढ़ होते हुए भी उन्हें दिव्य दृष्टि प्राप्त हो गई जिसे उन्होंने खुदा की भेजी आयतें या सन्देश-सा महसूस किया होगा।

कई भारतीय सन्तों के विषय में भी ऐसा कहा जाता है कि भक्ति से तन्मयता के कारण बिना स्कूली ज्ञान या पढ़ाई के भी वे ज्ञानी और कवि हो गये थे। यह कुण्डलिनी जागरण का ही करिश्मा था। कवि सूरदास, मीराबाई, तुलसी दास, चैतन्य महाप्रभु, कबीर आदि की अवश्य कुण्डलिनी शक्ति जाग गई थी। भक्ति में तन्मयता के कारण वे अशिक्षित या अर्द्धशिक्षित होते हुए भी आज विद्वान माने जाते हैं। उनका लिखा साहित्य आज ऊंची कक्षाओं में पढ़ाया जाता है। अपने जीवन काल में भी वे प्रतिष्ठित हुए। उनका जीवन चरित्र बताता है कि उनमें अचानक परिवर्तन आया था, अचानक उनके स्वभाव और व्यवहार बदल गये थे।

दैनिक जीवन में कुण्डलिनी शक्ति की करामात हम चारों ओर देखते हैं।

जिस व्यक्ति में जितना ज्ञान या अलौकिकता है, वह उतनी ही ऊर्जा कुण्डलिनी से पा रहा है।

आज भी संसार में अनेक व्यक्ति मिल जायेंगे जो भविष्य की बातें बताने में सफल हो जाते हैं या हजारों किलोमीटर का हाल बता देते हैं।

ऐसा क्या सम्भव है?

आमतौर पर यह असम्भव समझी जाने वाली बात है।

आर्य समाज इसे अन्धविश्वास या पाखंड मानता भी है।

परन्तु उपनिषद इसकी साक्षी भी देते हैं।

अनेक ऐसे लोगों को परीक्षा में खरे उतरते देखा गया है जो भविष्य या बहुत दूर की बातें या अन्य लोगों के भूतकाल की बातें बता देते हैं। यही तो भारतीय विद्याओं की धरोहर है। हमारा वैदिक धर्म इन सब विद्याओं से सम्पन्न है। हमारे शास्त्रों के पास इन सब चमत्कारों के उत्तर हैं। इन अलौकिकताओं को योरोप में ईश्वरीय चमत्कार या 'पराशक्ति' कहा जाता है, किन्तु भारत के पास 'योगदर्शन' है जिसमें यह ज्ञान और कला भरी है।

इसमें भी दो मत नहीं हो सकते कि कुण्डलिनी जागरण से मनुष्य अपने जीवन में महान परिवर्तन हुआ देखता है और उसका स्वभाव या व्यवहार तो बदल ही जाता है अन्य लोगों का व्यवहार भी उसके प्रति बदल जाता है।

4. ऊर्जा

'ऊर्जा' का शाब्दिक अर्थ प्रायः शक्ति से या ईंधन से लिया जाता है।

शरीर में भी ऊर्जा होती है।

वह भी ईंधन है, शक्ति है। शरीर जितना भी कुछ करता है, वह इसी ऊर्जा से करता है।

संसार के आज सभी कार्य ऊर्जा से सम्पन्न हो रहे हैं।

यदि 'ऊर्जा' न हो तो विज्ञान का भी हर खेल खतम है।

पेट्रोल, डीजल, मिट्टी का तेल, गैस, विद्युत, सूर्य की धूप और ऊर्जा, कोयला, लकड़ी, यह सबके सब मनुष्य के लिए ऊर्जा के स्त्रोत्र हैं, साधन हैं और आज ये सभी कार्यों में आवश्यक बने हैं।

इस विश्व का आदि स्त्रोत भी ऊर्जा ही है। ऊर्जा के अभाव में कुछ भी नहीं है।

यह सूक्ष्म रूप ऊर्जा व्यापक और असीम भी है। यह पूरी सृष्टि ऊर्जा का ही विस्तार है। ऊर्जा ही सृष्टि का कारण है।

जो कुछ भी चेतन है, गतिवान है, जीवन्त है, वह सब ऊर्जा है।

भूकम्प ऊर्जा से है, ज्वार-भाटा, तूफान, आंधी, बिजली की चमक-कड़क और सूर्य की धूप ऊर्जा ही तो है।

सूक्ष्म-स्थूल जो कुछ भी है, सभी ऊर्जा से ओत–प्रोत है।

आप सूर्य को ही देखिए।

सूर्य के प्रकाश और गर्मी के कारण ही इस पृथ्वी और अनेक ग्रहों पर गतियां ऊष्मा और जवीन है। यदि सूर्य में ही ऊर्जा न रहे तो प्राणियों के जीवन नष्ट हो जायेंगे।

यह ऊर्जा शक्ति भी प्राणों के साथ है।

अन्न आदि से हमारा शरीर पुष्ट होता है। ऊर्जा पाता है, जो वह पृथ्वी से प्राप्त करता है। उस अन्नादि से शरीर गतिवान होता है। बिना कुछ आहार (भोजन) के रूप में ऊर्जा प्राप्त किए प्राण भी नहीं रहते। ऊर्जा से ही प्राण स्थिर हैं।

अतः प्राणों का सम्बन्ध भी ऊर्जा से है। यह ऊर्जा ही शक्ति प्रदान करती है या शक्ति बन जाती है।

समस्त शक्तियां शरीर में हैं।

कई शक्ति केन्द्र इस शरीर में होते हुए भी उनके विषय में मनुष्य जानता नहीं है।

इसका कारण यही है कि उनके क्रियाशील न रहने के कारण मनुष्य उन्हें महसूस नहीं करता। वे शक्तियां सोई पड़ी रहती हैं।

इन शक्तियों का जगाना ही कुण्डलिनी को जागृत करना है।

यह शक्ति जागरण तभी समझना चाहिए जब इसका प्रत्यक्ष हो जाए।

केवल इसके विषय में पढ़कर जान लेना ही पर्याप्त नहीं है।

वह तो केवल थ्योरी है, सिद्धांत है।

वास्तविक ज्ञान तो वह है जिसे अनुभव और अभ्यास से साक्षात करके प्राप्त किया जाता है।

आपने तैरने की विधियां पुस्तक में पढ़ लीं तो समय आ पड़ने पर क्या आप पानी में तैर कर नदी पार कर लेंगे?

नहीं कर सकते।

पहले आपको तैरने के लिए जल में घुसकर अभ्यास करना या सीखना पड़ेगा।

वही प्रत्यक्ष ज्ञान है।

वही प्रैक्टिकल है।

वही आपके समय पर काम आता है।

केवल पुस्तकों में पढ़ा हुआ ज्ञान नहीं जब तक उसे प्रयोग करके न सीखा या जाना जाए।

कुण्डलिनी शक्ति को जगाने का भी विज्ञान है जिसे योगदर्शन मनुष्य को सिखाता है।

यह साधारण कार्य नहीं है। पर असम्भव नहीं है। सच्चे हृदय से जिसे जिज्ञासा है, इस ज्ञान-विज्ञान को जान लेने की तीव्र इच्छा और प्यास है, वह साधना में अवश्य सफल हो सकता है।

शक्ति जागरण, शक्ति केन्द्रों की सक्रियता हो जाने पर ऊर्जा ऊर्ध्वगामी हो जाती है।

ऊर्जा का ऊर्ध्वगामी होना जब शुरू होता है, तो शरीर में एक कंपन-सी उठने लगती है। उस कम्पन को सहयोग और प्रेरणा ही देनी चाहिए।

कुछ लोग साधक को डराते हैं।

कई पुस्तकों में वे यह पढ़ते हैं कि यदि कुण्डलिनी जागती है तो वे पता नहीं किस स्थिति में पहुंच जायेंगे, पता नहीं क्या हो जाएगा, बड़ी खतरनाक स्थिति भी हो सकती है, यह सोया हुआ सांप है, खतरनाक भी सिद्ध हो सकता है।

इन सब बातों पर आप बिलकुल ध्यान मत दीजिए।

कोई भी खतरनाक स्थिति नहीं होती।

आप इस विज्ञान को सीखिए।

इसे फिर कार्य रूप में परिणत कीजिए।

अपने व्यवहार में उतारिए।

आप बिना डरे कुण्डलिनी जगाने के लिए अभ्यास में जुट जाइए। इसके लिए जो भी आवश्यक साधनाएं हैं, उन्हें करते हुए निरन्तर आगे बढ़ते रहिए। सफलता में सन्देह भी मत कीजिए।

क्योंकि जहां संशय है या संदेह है वहां पर सफलताएं नहीं है।

5. कुण्डलिनी जागरण में बाधक तत्त्व

कुण्डलिनी का जागरण कई कारणों से नहीं हो पाता, भले ही खूब साधना की जाती है।

बहुत से लोग कुण्डलिनी जगाने के लिए कुछ दिनों तक अभ्यास करते हैं और फिर धैर्य छोड़कर बैठ जाते हैं।

ऐसे लोग कहते हैं कि यह असम्भव है।

उन्हें तो कुछ भी नहीं मिला।

किन्तु ऐसा हो नहीं सकता कि साधना का कुछ भी फल न हो।

अवश्य होता है।

फिर ऐसा कहना क्या झूठ है?

नहीं, यह भी झूठ नहीं है। शक्ति नहीं भी जागती जिसके कुछ कारण हैं।

वे करण निम्नलिखित हैं—

1. दृढ़विश्वास की कमी।
2. भय।
3. तीव्र इच्छा का अभाव
4. संकल्प की दृढ़ता न होना।
5. धैर्य की कमी।
6. आध्यात्मिक रुझान न होना।
7. मन का मैल।
8. प्रतिकूल वातावरण।

1. दृढ़विश्वास की कमी

आपको यदि किसी कार्य की सफलता में विश्वास नहीं है तो समझिए वह नहीं हो सकेगा। क्योंकि सफलता के लिए यह आवश्यक है कि आपका विश्वास दृढ़ हो, अटल हो।

आप जो करना चाहते हैं वह कर लेंगे, ऐसा आपको विश्वास होना चाहिए।

विश्वास बहुत शक्ति देता है।

यह विश्वास की ही दृढ़ता का परिणाम है कि आज हम अनेक वैज्ञानिक सुविघाएं प्राप्त कर रहे हैं।

यदि आविष्कारकों को अपने कार्यों की सफलता पर विश्वास न होता तो वे कभी भी अपने प्रयोगों में सफल नहीं होते।

अतः यदि आप कुण्डलिनी जगाने के लिए साधना करें तो दृढ़ विश्वास के साथ करें। आपका विश्वास डगमगाने न पाए।

अपनी सफलता को आप बहुत दूर न मानें। डटे रहिए साधना में। आपकी सफलता निश्चित है।

2. भय

कुण्डलिनी और योग-सम्बन्धी कुछ पुस्तकों में ऐसा भय दिखाया जाता है कि यदि कुण्डलिनी जाग गयी तो मृत्यु भी हो सकती है या मस्तिष्क में विकार भी आ सकता है।

यह सब वहम है।

बिलकुल मत डरिए।

यह भय तो उनके लिए है जिनकी पहले से ही नीयत में खराबी है।

जो इस शक्ति को प्राप्त ही इसलिए करना चाहते हैं कि अपने स्वार्थ हल करेंगे। ऐसे लोगों के मन में विकार के कारण मस्तिष्क में खराबी आ सकती है। अतः साफ और निःस्वार्थ मन से आप साधना कीजिए। तब आपको कोई खतरा नहीं है।

भय के कारण आप किसी कार्य को न करें। यह भी अनुचित बात है।

भयभीत रहते हुए करें, यह और भी व्यर्थ की बात है।

अतः उचित है कि निर्भीक और निःस्वार्थ होकर, परमार्थ के लिए इस अलौकिक शक्ति की प्राप्ति के लिए सतत प्रयास करें।

आपकी साधना सफल होगी। आप इस मानवता का कल्याण करेंगे तथा स्वयं भी ईश्वर से एकाकार होकर लाभान्वित होंगे।

3. तीव्र इच्छा का अभाव

आपने योग और कुण्डलिनी संबंधी पुस्तकें तो पढ़ लीं और आपकी इच्छा भी कुण्डलिनी शक्ति को जगाने की हो गई। आपने प्रयास भी शुरू कर दिए। फिर धीरे-धीरे आपको वह इच्छा या प्यास कम होती गई और आपकी साधना में अभाव आने लगा। फिर आपने साधना बन्द कर दी।

ऐसा बहुधा होता है।

यह ठीक नहीं है।

इच्छा को प्रबल रखिए।

तभी सफलता मिल सकेगी।

4. संकल्प की दृढ़ता का न होना

आपने यदि कोई संकल्प किया है किन्तु उस संकल्प में दृढ़ता नहीं है, आपका निश्चय डगमगा जाता है, तो समझि, आपसे सफलता बहुत ही दूर रहेगी।

इस कुण्डलिनी को जगाने के लिए भी की जाने वाली साधना के लिए दृढ़ संकल्प चाहिए। बिना दृढ़ सकल्प के साधना में सफलता का कोई आसार नहीं दिखाई देता है और प्रायः असफलता ही हाथ लगती है।

5. धैर्य की कमी

ऐसे लोगों की संख्या बहुत अधिक है जो किसी भी कार्य को प्रारम्भ करके बीच में छोड़ देते हैं। कारण होता है बाधाएं या धैर्य का अभाव। धैर्य न होने के कारण वे जब सफलता मिलती नही देखते हैं तो कार्य को अधूरा ही छोड़ देते हैं।

ऐसे लोगों को पता नहीं कि सफलता उस समय उनके बहुत निकट थी जब वे कार्य को छोड़ बैठे।

आप किसी जमीन में कुआं खुदवा रहे हैं। काफी गहरा खोदने पर भी पानी न मिलने पर कार्य बन्द कर देते हैं।

दूसरा व्यक्ति धैर्यवान है और वह भी उसी कुएं में खुदाई करता है तो दो फुट खोदते ही जल का स्रोत फूट निकलता है।

पहले व्यक्ति में धैर्य होता तो वह थोड़ा और खोदता और सफलता प्राप्त कर लेता। धैर्य की कमी के कारण वह असफल रह गया।

यही बात साधना में है।

आप साधना करते समय धैर्य रखिए।

निश्चित रूप से आप कुण्डलिनी जगाने में सफल हो जायेंगे।

6. आध्यात्मिक रुझान न होना

यदि साधक की रुझान अध्यात्मवाद में नहीं है, वह भौतिकवादी है, उसकी रुचि धर्म-कर्म में नहीं है, वह आ'स्तिक नहीं है, दयालुता और प्रेम-भाव उसमें नहीं है, तो यह निश्चित है कि वह अपनी साधना में सफल नहीं हो सकेगा। अतः सफलता के लिए साधक का आध्यात्मिक होना अनिवार्य हैं।

उसके मन में यह भाव होना चाहिए कि उसे समाज और मानवता की सेवा करनी है। उसे एकत्व से बहुत्व की प्राप्ति करनी है। वह ईश्वर के निकट आना चाहता है। मन में उपकार, सेवा और प्रेम हो।

कोई कारण नहीं कि सफलता न मिले। शक्ति जागरण अवश्य हो जाएगा।

7. मन का मैल

हम लोग किसी भी मैले-गन्दे पानी के गड्ढे, तालाब या बर्तन में तली को नहीं देख पाते हैं। इसका कारण गन्दलापन ही है।

यह बात साधना में मन की है।

मन की चंचलता और गन्दलापन ही योग साधना में सफलता में बाधक है।

गन्दले मन से ईश्वर को अनुभव कभी नहीं किया जा सकता।

अपने मन को पवित्र रखिए। सभी प्रकार के मैल दूर कर दीजिए। वे मैल हैं—लोभ, लालच, स्वार्थ, वासना और मोह।

8. प्रतिकूल वातावरण

प्रतिकूल वातावरण कुण्डलिनी जागरण और योग साधना में सबसे बड़ी बाधा है।

अतः योग साधना के लिए प्रायः एकान्त का सहारा लेते हैं।

शोरगुल, चैं-चैं मैं-मैं में साधना का फल नहीं मिलता। क्योंकि शोर मन को केन्द्रित नहीं होने देता। ध्यान को भंग करता है।

कभी-कभी स्थान एकान्त भी होता है या कमरा ध्वनि रहित है कि वहां दुर्गन्ध है। तब भी ध्यान भंग होगा। साधना के स्थान पर तीव्र सुगन्ध भी न हो और दुर्गन्ध भी नहीं होनी चाहिए।

वातावरण पूर्णतः शांत, सौम्य, सुन्दर और भीनी-भीनी हलकी सुगन्ध वाला हो। आस-पास में न कोई भय की बात हो, न ध्यान भंग का कोई कारण हो।

बहुत से लोगों की तीव्र इच्छा योग सीखने की होती है, किन्तु योग की पुस्तकें उनकी भाषा में नहीं होतीं, सिखाने वाले शिक्षकों या योगियों की भाषा वे नहीं जानते। इस कारण वे वंचित रह जाते हैं। सीखने के स्थान पर नहीं पहुंच पाते।

कभी-कभी परिस्थितियां बाध्य करती हैं।

6. कुण्डलिनी कैसे जगायें

कुण्डलिनी नामक इस शक्ति को कैसे जगाएं, यह मुख्य विषय है।

प्रायः ऐसे मनुष्य देखने को मिलते हैं जिनमें पहले से कोई विशिष्टता न रही किन्तु यकायक वह बदल गया और उसमें अद्‌भुत शक्ति और गुण आ गये। यह कुण्डलिनी शक्ति जागरण का प्रतीक समझा जाता है। उसे न प्राणायाम आदि साधनाएं करनी पड़ीं, न जान-बूझकर उसने 'ध्यान' किया।

परन्तु यह अपवाद होता है।

सैकड़ों-हजारों में किसी-किसी को ही यह ईश्वरीय प्रसाद पुनर्जन्म के कर्म फल स्वरूप प्राप्त हो जाता है।

साधारणतः कुण्डलिनी शक्ति के जागरण के लिए साधनाएं करनी पड़ती हैं।

साधनाएं कैसे करें?

क्या-क्या करना होगा?

इन प्रश्नों का उठना स्वाभाविक है।

वास्तव में कुण्डलिनी को जगाना योग साधना ही है।

इसके लिए यौगिक क्रियाएं ही करनी पड़ती हैं।

यौगिक क्रियाएं हम कैसे करें? सबसे पहले तो यह जान लें। साधारणतः योग की सिद्धि के लिए निम्नलिखत क्रियाएं करते हैं—

1. प्राणों पर संयम
2. प्रत्याहार
3. धारणा
4. ध्यान
5. समाधि

इन पांचों को सिद्ध करके साधक उस परम तत्त्व की प्राप्ति कर लेता है।

परन्तु इनके साथ पांच यम और पांच नियम भी आवश्यक हैं।

पांच यम

1. अहिंसा
2. सत्य
3. अस्तेय
4. ब्रह्मचर्य
5. अपरिग्रह

पांच नियम ये हैं–

1. शौच
2. तप
3. सन्तोष
4. स्वाध्याय
5. ईश्वरप्रणिधान

इस प्रकार हम देखते हैं कि योग साधना के लिए पांच यम और पांच नियमों का पूर्ण रूपेण पालन करते हुए, प्राणों का संयम, प्रत्याहार, धारणा, ध्यान और फिर समाधि की स्थिति को प्राप्ति करनी पड़ती है।

सबसे पहले यम और नियम के विषय में ही लिखना हम आवश्यक समझते हैं।

7. पांच यम

1. अहिंसा

वेद, शास्त्र, उपनिषद हों या पुराण, सभी में अहिंसा को मानव का विशेष गुण माना है। जैन और बौद्ध मतों ने ईश्वर को न मानकर भी अहिंसा को परम धर्म माना है। संसार के अधिकांश धर्म अहिंसा पर जोर देते हैं। इस्लाम आदि एक-दो धर्म ही ऐसे हैं, जो अहिंसा को नहीं मानते हैं। उनमें भी जो लोग योग की महिमा को समझ चुके हैं, वे अहिंसक होने का प्रयास करते हैं।

यह अहिंसा क्या है?

बहुत से लोग इसी को अहिंसा मानते हैं कि किसी की हत्या नहीं करनी है।

किसी के प्राण न लेने को ही अहिंसा मान लेते हैं।

यह भी अहिंसा तो है किन्तु अहिंसा की परिभाषा यह नहीं है।

मन, कर्म और वचन से किसी भी प्राणी को न सताना, दुःखी न करना, उसका वध न करना अहिंसा है। पूर्ण अहिंसक व्यक्ति अस्त्र-शस्त्र में विश्वास नहीं रखता। उसे चाकू, छुरी, बल्लम और पिस्तौल-बन्दूक की आवश्यकता ही नहीं होती है। उसे अपनी अहिंसा पर विश्वास होता है।

वह भयभीत नहीं होता।

वह जानता है कि यदि वह अहिंसक है, किसी को कुछ नहीं कहता, तो उसे भी कोई प्राणी कुछ नहीं कहेगा।

स्वामी दयानन्द जी एक बार एक बड़ी झील में स्नान कर रहे थे कि एक मगरमच्छ उधर आ निकला। उनके एक शिष्य ने उन्हें चेताया कि बचिए महाराज, मगर आ रहा है। स्वामी जी ने बड़े शांत भाव से यही कहा था—'हम उसे कुछ नहीं कह रहे हैं तो वह भी हमें कुछ नहीं कहेगा।' यह एक अहिंसक दृढ़ विश्वास और निर्भीकता थी। यह निर्भीकता अहिंसक में ही हो सकती है। जिसके मन में हिंसा भाव विद्यमान है, वह डरता है। जब तक अहिंसा पूर्ण सिद्ध नहीं होती यह डर भी रहेगा।

पूर्णतः हिंसा का त्याग—अहिंसा की सिद्धि वह है जब शत्रु के प्रति भी प्रतिकार की भावना न रहे। जिन्होंने विष दिए उन्हें भी स्वामी दयानन्द ने क्षमा किया था।

हिंसा की भावना का पूर्णरूपेण त्याग हो।

अहिंसा मन में भी हो, कर्म में भी और वचनों में भी।

यही है अहिंसा की सिद्धि।

2. सत्य

दूसरा यम सत्य है।

साधारणतः 'सत्य' को लोग यहीं तक सीमित रखते हैं कि जब तक संभव हो झूठ न बोलना चाहिए।

परन्तु सत्य की सीमा इससे भी व्यापक और विस्तृत है।

सत्य और असत्य की छानबीन करेंगे तो आप पाएंगे कि व्यावहारिक जीवन में बहुत से सत्यवादी भी आज के युग में मिथ्याभाषी हैं। सत्यनिष्ठ होना सर्वाधिक कठिन कार्य है।

इसी सत्य को आप धारण करें।

दैनिक व्यवहार से लेकर किसी भी परिस्थिति में झूठ न बोलें।

सत्य भी मन, कर्म और वचन से बोलें। आप सत्य की स्थापना के लिए यदि संकट में पड़ते हैं तो भी न हटें। तभी समझा जा सकता है कि आपने सत्य की सिद्धि कर ली है। न आत्मप्रशंसा में झूठ बोलें, न धनार्जन के लिए तथा न प्राणरक्षा के लिए। प्रत्येक दशा में सच ही बोलें। सत्य के लिए प्राण भी देने पड़ें, तो दे दें।

3. अस्तेय

'अस्तेय' का अर्थ है चोरी न करना।

चोरी की परिभाषा यही नहीं है कि किसी की अनुपस्थिति में या छुपकर उसका धन चुराएं। चोरी में छीन लेना, ठग लेना, बहका लेना, अनुचित मुनाफा खोरी, मिलावट और बेईमानी भी है। रिश्वतखोरी को चोरी में ही रखा जा सकता है और परिग्रह में। 'परिग्रह' का अर्थ है दूसरों का कुछ ग्रहण करना। 'अपरिग्रह' पांचवां यम है यानि किसी का कुछ भी न लेना।

'अस्तेय' की सिद्धि वही है जब व्यक्ति पूर्ण रूप से ईमानदार, सच्चा, धर्मानुसार कमाने वाला है। करोड़ों रुपये भी किसी के पड़े हैं तब भी मन न डिगे।

4. ब्रह्मचर्य

चौथा 'यम' है ब्रह्मचर्य।

ब्रह्मचर्य का अर्थ है ब्रह्माचरण। इसमें मन, कर्म और वचन से वीर्य-रक्षा तथा सदाचरण का पालन करना होता है।

ब्रह्मचर्य की प्रशंसा में जितना कहा जाये, उतना ही कम है।

ग्रंथ के ग्रंथ इसकी महिमा से भरे हैं। वेदों, शास्त्रों और उपनिषदों में ब्रह्मचर्य के विषय में बहुत लिखा गया है। हमारे वैदिक धर्म ने तो ब्रह्मचर्य को धर्म में शामिल किया है।

जैन भी ब्रह्मचर्य का महत्त्व मानते हैं।

ब्रह्मचर्य के विषय में वेद में लिखा है—

'ब्रह्मचर्येण तपसां देवाः मृत्यु मुपाप्नत'।

'ब्रह्मचर्य के तप से देव लोग (श्रेष्ठ मुनष्य मृत्यु को भी जीत लेते हैं।)

'सत्यार्थ प्रकाश' में स्वामी दयानन्द ने उपनिषदों का वचन उद्धृत करते हुए लिखा है कि श्रेष्ठ, अखंड ब्रह्मचर्य अड़तालीस वर्ष तक धारण कोई कर ले तो मनुष्य की पूर्ण आयु अर्थात चार सौ वर्ष तक बढ़ती है।

आयु वृद्धि के साथ-साथ ब्रह्मचर्य से मन पवित्र, दृढ़ इच्छा शक्ति, आत्मशक्ति और अरोग्य की प्राप्ति भी होती है। शरीर युवा बना रहता है। बल पराक्रम भी स्थिर रहता है।

योग-साधना करने वाले को तो ब्रह्मचर्य का पालन करना ही चाहिए।

साधक को मन की गंदगी और चंचलता को दूर करके, वीर्य रक्षा करनी चाहिए।

शरीर में 'ऊर्जा' 'शक्ति' दो रूपों में खर्च होती है। यदि वीर्य रूपी ऊर्जा या 'ओज' को 'भोग' में खर्च करते हैं। 'काम' (वासना पूर्ति) में लगाते हैं तो इन्द्रिय सुख मिलता है, सन्तान प्राप्ति होती है। यह क्षणिक आनन्द है। किन्तु उसी 'ओज' उसी वीर्य को यदि 'ऊर्ध्वगामी कर दिया जाता है—ब्रह्मचर्य का पालन करके उसका प्रवाह मस्तिष्क की ओर कर दिया जाता है तो मनुष्य महान उपलब्धियां करता है। आध्यात्मिक सुख, आनन्द, बल, बुद्धि की प्राप्ति होती है।

अतः योग साधना करने वाले साधक के लिए ब्रह्मचर्य अति आवश्यक है।

5. अपरिग्रह

अपरिग्रह का अर्थ है किसी का कुछ ग्रहण न करना।

इसमें रिश्वत, भेंट-उपहार, भीख आदि सब आ जाते हैं।

अपरिग्रही व्यक्ति साधना में जल्दी सफल होता है। क्योंकि वह लोभी-लालची भी नहीं होता है।

अतः साधक को इस यम को भी अपने व्यवहार में उतारना चाहिए।

8. पांच नियम

1. शौच

स्वच्छता अनिवार्य है। शरीर की गन्दगी दूर करके नित्य सफाई करनी चाहिए। सवेरे उठते ही सर्व प्रथम मलत्याग के लिए जायें। मल त्याग के बाद स्वच्छ होवें। दांत, कान, नाक, आंख आदि की सफाई और पूर्णरूप से पर्याप्त जल से स्नान करें। यह शारीरिक स्वच्छता है। मानसिक स्वच्छता भी आवश्यक है। मन को भी पवित्र ही रखें।

यही शौच है।

2. सन्तोष

सदैव प्रसन्न और सन्तुष्ट रहें। आपको 'कर्म' में विश्वास होना चाहिए। फल में आपकी आसक्ति या स्वार्थ न रहे। आप प्रत्येक दशा में सन्तोष को अपनायें। असन्तोष आप के जीवन में प्रवेश न करे। दूसरों की आर्थिक या सामाजिक स्थिति अपने से उच्च देखकर आप का जी न ललचाये। सन्तोष धन सभी धनों से श्रेष्ठ है।

3. तप

तप का अर्थ वनों में जाकर तपस्या करने से नहीं है। समाज में रहते हुए भी तपस्या की जा सकती है। आदर्शों का कठोरता से पालन करना, सदाचरण और सत्कार्यों में दृढ़ व अटूट निष्ठा, धर्म पालन और उद्देश्यों पर दृढ़ता, ईश्वर में आस्था व नियमानुसार ध्यान, यह सब तपस्या ही है।

साधक को यह अवश्य करना चाहिए।

4. स्वाध्याय

स्वाध्याय का अर्थ है सद्ग्रंथों का पठन-पाठन। अच्छी पुस्तकें पढ़नी चाहिए। विचारों को उच्च बनाने वाली श्रेष्ठ पुस्तकें मनुष्य की सच्ची मित्र होती हैं। जो लोग गन्दी और अश्लील पुस्तकें पढ़ते हैं, उनके विचार भी गन्दे रहते हैं। उनका चरित्रोत्थान नहीं हो सकता। चरित्र को ऊंचा उठाने के लिए सदैव सद्ग्रंथों को पढ़ना चाहिए। इसको स्वाध्याय कहते हैं।

5. ईश्वर प्रणिधान

'ईश्वर प्रणिधान' का अर्थ है ईश्वर को समर्पित हो जाना।

भक्ति भाव के लिए ही यह कहा गया है। ईश्वर को सत्य हृदय से मन

में धारण करें, विचारें, जाने और आत्मा को उसी को समर्पित कर दें। स्वयं को उसके निकट अनुभव करें।

यह ईश्वर प्रणिधान भी योग साधक के लिए आवश्यक है।

उपर्युक्त पांच 'यम' और 'पांच नियम' हैं।

योग के आठ अंगों में से ये दोनों अंग सबसे प्रमुख और महत्त्वपूर्ण अंग हैं।

'यम' और 'नियम' के बाद—प्राणायाम, आसन, प्रत्याहार, धारणा, ध्यान और समाधि है।

इस प्रकार से ये आठ योगांग हैं।

यम और नियम के विषय में आपने जानकारी की है। अब शेष के विषय में भी लिखते हैं।

कुण्डलिनी को जगा लेना ही चूंकि योग साधना का प्रमुख उद्देश्य है। इस प्रकार के योग को 'राजयोग' नाम से पुकारा जाता है।

9. प्राणायाम

प्राणायाम 'प्राण का संयम' है। यह जो आप-हम सांस लेते हैं और छोड़ते हैं, यह क्रिया श्वास-प्रश्वास है। इस क्रिया को इच्छानुसार चलाना, श्वास-प्रश्वास क्रिया और फेफड़ों को वश में कर लेना ही प्राणायाम है।

कई विधियों से आप प्राणायाम कर सकते हैं।

आप सांस को भीतर ही अधिक-से-अधिक रोक सकते हैं फिर छोड़कर बाहर ही रोक सकते हैं। इस प्रकार यथा संभव बाहर भीतर रोक सकते हैं।

सांस को जहां का तहां रोकने और जब रोका न जाये तब गहरा सांस लेकर पुनः उसी प्रकार रोकना दूसरी विधि है।

इसी प्रकार केवल बाहर ही रोकना या केवल भीतर ही रोकना भी हो सकता है।

नाड़ी शुद्धि प्राणायाम से पूर्व कुछ दिनों तक कर लेना चाहिए।

इसके लिए प्रथम बाईं नासिका से सांस पूरी खींचकर तुरन्त दाईं ओर से निकाल दें और फिर दायीं ओर से ही तभी सांस लें। गहरी सांस लेकर बायीं ओर निकाल दें। इससे पन्द्रह बीस दिनों में नाड़ी शुद्धि हो जाती है प्राणायाम ठीक-ठीक होता है। प्राणायाम के विषय में आप और अधिक जानने के लिए 'प्राणायाम' भाग में पढ़ चुके होंगे। यहां केवल इतना ही पर्याप्त है कि सभी प्रकार के योग में प्राणायाम लाभदायक है। केवल राजयोग में ही नहीं, 'हठयोग' में भी प्राणायाम का महत्त्व उतना ही है।

कुण्डलिनी जागरण राजयोग और हठयोग दोनों में ही नहीं बल्कि प्रेमयोग, भक्ति योग, ज्ञान योग, नाद योग आदि सभी में प्राणायाम का महत्त्व है। कर्मयोगी भी प्राणायाम से लाभ उठा सकते हैं।

प्राणायाम का अभ्यास नित्य, नियम से करना फलदायक होता है।

10. आसन

इसे प्राणायाम से पूर्व भी किया जा सकता है। क्योंकि प्राणायाम भी 'आसन' में ही होता है।

आसन का अर्थ बैठने से है।

जो व्यक्ति काफी देर तक जिस तरह एक भाव से बैठ सके, वही आसन अभ्यास योग्य है।

जिस व्यक्ति को जिस आसन में सुभीता हो, वह उसी का अभ्यास कर सकता है।

बहुत से लोग अनेक योगासन सिद्ध करते हैं।

यह एक प्रकार का व्यायाम बन सकता है।

आप यदि हठयोगी बनना चाहते हैं तो आप ऐसे आसनों का प्रयोग कर सकते हैं।

'हठयोग' इस देह को स्वस्थ और दीर्घायु अवश्य करता है, आध्यात्मिक उन्नति भी हो जाये तो सोने में सुहागा है।

हठयोगी अपनी संकल्प शक्ति और अभ्यासों से कई-कई सौ वर्ष युवा रह सकते हैं। रोगी नहीं होते और शरीर की पेशियां भी सुदृढ़ रहती हैं और बाल भी काले रहते हैं।

आप 'हठयोग' का अभ्यास कर रहे हैं तो बहुत से योगासन हैं। किसी का भी अभ्यास कर सकते हैं। किन्तु 'राजयोग' के लिए सुविधानुसार बैठना है, जिसमें बैठकर सोचना सहज हो।

क्योंकि राजयोग पूर्णतः आध्यात्मिक साधना है। प्रत्येक को अलग-अलग आसन से बैठने में सुविधा है। हठयोग के अभ्यासी को योगासनों पर ध्यान देना पड़ता है।

ये भिन्न-भिन्न प्रकार के व्यायाम हैं। शरीर की कोई मांसपेशी या स्नायु नहीं जिन्हें हठयोगी इच्छानुसार न चला सकें।

हृदय की धड़कन तक पर वे काबू कर सकते हैं।

हठयोगी यदि आध्यात्मिक साधना भी कर लें तो और अधिक उन्नति होगी।

आसन तो प्रत्येक योग में सिद्ध कर लेना चाहिए।

11. प्रत्याहार

आसन और प्राणायाम के बाद प्रत्याहार की साधना करनी पड़ती है। प्रत्याहार मन के संयम द्वारा इन्द्रियों को विषयानुभूति से रोकना या यूं कहा जा सकता है कि मन को इन्द्रियों से संयुक्त न होने देना है ताकि वह अशुभ, दुःख, कष्ट आदि को अस्वीकार कर दे। इन्द्रियों की बात न माने।

मन को इस प्रकार वश में सम्मोहन विद्या जानने वाले भी करते हैं।

वे दूसरों के मन को भी इच्छानुसार चला सकते हैं। अपने वश में व्यक्ति को वे जड़ तुल्य बनाते हैं।

यह बड़ा अत्याचार है।

ऐसे दुर्बल मन के व्यक्ति का अन्तिम रास्ता पागलखाना की ओर जाता है।

इसलिए न तो किसी पर सम्मोहन क्रिया करनी चाहिए और न अपने पर करानी चाहिए।

अपने मन को स्वयं ही अपने वश में करने का अभ्यास करें।

बहुत से धर्म-सम्प्रदाय चल पड़े हैं, जिनके गुरु समूह-के-समूह को हिप्नोटाइज्ड कर देते हैं या अलग-अलग एकान्त में हिप्नोटाइज्ड करके वे लोगों को अपनी ही इच्छानुसार चलने का सुझाव दे देते हैं। अपना अनुयायी बना लेते हैं। इस प्रकार उनका गुरुडम चलता है।

यह मनुष्य जाति का उपकार नहीं है।

गुरुओं को इच्छा शक्ति के अनुसार उनके वे अनुयायी आंखें मूंदकर चलते हैं। क्योंकि वह उनकी अपनी इच्छा नहीं है।

आप ऐसे सम्मोहन विज्ञानियों—मत संचालकों से सदैव बचिए। अपने ऊपर किसी को इच्छा-शक्ति का प्रयोग मत करने दीजिए। अपने मन पर अपना ही संयम उचित है।

जो व्यक्ति अपने मन को इच्छा मात्र से केन्द्रों से हटा लेता है या संलग्न कर सकता है, मन को वश में करके उसकी बाहरी गति को रोककर अन्दर ही खींचकर रखने में सफल है। उसने इस प्रत्याहार को सिद्ध कर लिया है। प्रत्याहार का यही अर्थ है।

मन को वश में करना कठिन बहुत है। किन्तु असम्भव नहीं है।

अभ्यास से प्रत्याहार संभव है।

मन को संयमित करना है तो पहले इसे शांत भाव से बैठकर चुपचाप देखते रहिए। जिधर भागता है, भागने दीजिए। इस पर नजर रखिए और दौड़ने दीजिए। इच्छानुसार इसे खूब दौड़ने, घूमने दीजिए।

कभी अच्छी भावनाएं आयेंगी, कभी बुरी, सत्-असत् सभी प्रकार की

भावनाओं को आने दीजिए। ये धीरे-धीरे लहरों की तरह आयेंगी और स्वयं शांत हो जायेंगी। दिन-पर-दिन ये कम होती चली जायेंगी। मन स्थिर होता चला जायेगा। विचारों की संख्या घटती जायेगी और मन वश में आता चला जायेगा। इसके लिए धैर्य से अभ्यास करना चाहिए।

मन को किसी के अधीन न होने देकर अपने ही अधीन संयम करके इन्द्रियों के साथ संयुक्त न होने देना ही प्रत्याहार है। यह एक-दो दिन में नहीं, महीनों या वर्षों में सिद्ध होता है। आप धैर्य पूर्वक अभ्यास कीजिए। जितने दिनों में मन-संयम कर सकें, कीजिए। सफलता निश्चित है।

12. धारणा

जब आप प्रत्याहार को सिद्ध कर लें, तो फिर धारणा का नम्बर है। धारणा का अर्थ मन को इस शरीर के भीतर या बाहर किसी स्थान या वस्तु पर धारणा या स्थापन करना।

इसको आप यों समझ लीजिए।

शरीर में बहुत से अंग हैं।

आपका मन संयम में है। आप मन को शरीर के किसी भी अंग पर केन्द्रित कर सकते हैं। मान लिया आपनें मन नाक में धारण किया तो शरीर के अन्य अंग विषय से अलग हैं। चित्त या मनोवृत्ति उसी एक अंग में रहेगी। यही धारणा है।

मनोवृत्ति को किसी अंग में केन्द्रित या धारण करने के लिए 'कल्पना का सहारा लेना अच्छा रहता है।

आप कुण्डलिनी जगाना चाहते हैं।

अपने मूलाधार को—जहां कुण्डलिनी है, आलोकित देखो। वहां किसी प्रकाश पुंज या त्रिकोणाकार प्रकाश किरण अथवा कुण्डलिनी की कल्पना करके उसकी धारणा करो।

आप कल्पना कीजिए वहां—मूलाधार में त्रिकोणाकार अंग में एक प्रकाश पुंज है, उसके भीतर एक चमकीली कुण्डलाकार किरण है, जो ज्योति पुंज की तरह चमक रही है। इसी किरण को आप छेड़कर जगाना चाहते हैं। इसी की धारणा कीजिए।

सुषुम्ना में स्थित विभिन्न आलोकित चक्रों की भी धारणा कर सकते हैं। नाभिचक्र या हृदय बिन्दु में भी धारणा इसी प्रकार की कल्पना के सहारे कर सकते हैं।

योगी के लिए अभ्यास नियमित अपेक्षित है।

जितना हो सके एकान्त में रहिए।

तरह-तरह के मनुष्यों के साथ रहने से तरह-तरह के विचार, भिन्न-भिन्न भाव और बातें सामने आने से चित्तवृत्तियां चलायमान या इधर-उधर होती हैं। अधिक कार्यों में संलग्न होना भी ठीक नहीं है।

भोजन का भी विशेष ध्यान रखना होगा।

कम खाइये, सादा खाइए और समय पर उतना ही खाइए, जितना नित्य खाते हैं। कभी कम और कभी अधिक नहीं।

शाकाहारी लोग अधिक प्रगति योग साधना में ही करते हैं।

दूध, फल और सब्जियां लीजिए।

मांसाहार हानिप्रद हो सकता है।

मांसाहारियों का मन संयम में नहीं रहता है।

'धारणा' के अभ्यास में लगे योगी को चाहिए कि वह भिन्न-भिन्न भाव मन में आने न दे।

तरह-तरह के विचारो वालों की बातें न सुनें, न पढ़ें।

जो भाव आपका बना है, उसी का अन्त देख लें। उसी को तब तक पकड़े रहो। उसका अन्त देखो।

जो लोग निष्ठापूर्वक धैर्य से साधना में लगे हैं, वे शीघ्र सफलता प्राप्त करेंगे।

अपनी साधना का पहला फल तो आप यही देख लेंगे कि आपके कानों और नाक में अपार शक्ति आ गई है। दूर की गंध और दूर के शब्द आपको खूब सुनने लगेंगे। आपका स्वर भी मधुर-आकर्षक हो जायेगा।

धैर्य पूर्वक साधना करते रहिए।

धारणा को सिद्ध करने के बाद आप देखेंगे कि आपको सफलता का द्वार दिखाई दे रहा है।

आप योगी बन रहे हैं।

आपकी कुण्डलिनी शक्ति जागृत होने लगी है।

अब आप ध्यान में निमग्न हो सकते हैं।

13. ध्यान

'ध्यान' अन्य सब क्रियाओं में प्रमुख है। ध्यान की तन्मयता ही सर्वोपरि है। इसी से समाधि की स्थिति में पहुंचा जा सकता है।

इस स्तर पर आकर कुण्डलिनी खुलने लग जाती है। ऊर्ध्वगामी होने लगती है। ऊर्जा मस्तिष्क की ओर चल पड़ती है।

आप ध्यान में निमग्न होइये।

तन्मय होइये।

आत्म-तत्त्व या ईश्वर को साक्षात् ध्यान से देखा जा सकता है। भगवत्प्राप्ति का एक मात्र उपाय ध्यान ही तो है।

मन वश में है, धारणा शक्ति बढ़ गई है तो निराकार का भी ध्यान करना कठिन नहीं है। उसमें तन्मयता लाई जा सकती है।

यदि तन्मयता नहीं आई, चित्त वहीं पर न डटा तो क्या लाभ?

भक्त लोग ध्यान में तन्मयता लाते हैं।

वे स्वयं को ब्रह्म में लगाते हैं या किसी भी साधना में ध्यान में लगाते हैं। कुण्डलिनी शक्ति को जगाने वाली यह एक प्रमुख शक्ति है।

ध्यान के द्वारा कुण्डलिनी को जगाना ही उचित है।

14. समाधि

समाधि की स्थिति में आ पहुंचने तक अधिकांश लोगों की कुण्डलिनी जागृत हो चुकी होती है या कुछ चक्रों को भेद चुकी होती है।

यह समाधि क्या है?

समाधि के जिन अंगों को पीछे बताया गया है वे सब बाहरी साधन हैं

अन्तरंग साधन है यह समाधि।

यही योग का आठवां अंग है।

अन्तरंग साधनों का लक्ष्य है एकाग्रता शक्ति की प्राप्ति।

हमारे अपने शरीर में बहुत-सी क्रियाएं ऐसी हैं, जिन्हें हम नहीं देखते और वे होती रहती हैं।

उन्हें हम ही करते हैं, किन्तु अज्ञात भाव से।

भोजन को ही लीजिए।

आप जब खाते हैं तो पूरा ज्ञान होता है। आप ज्ञात भाव से खाते हैं।

किन्तु जब पचाते हैं तो आपको कुछ भी पता नहीं रहता है।

पाचन संस्थान अन्दर-अन्दर आपके बिना जाने, आपके बिना किए स्वयं पचाता है।

यह अज्ञात भाव है।

भोजन से सार रस, रक्त, मांसादि भी स्वयं ही बनता है। आपकी—हमारी जानकारी में नहीं होता।

किन्तु यह भी सत्य है कि हम ही यह सब करते हैं। शरीर के भीतर जो हो रहा है उसे कोई अन्य नहीं कर रहा है। उसे भी हम कर रहे हैं।

साधना के बल से हम इन सबको जान भी सकते हैं और इन पर संयम भी कर सकते हैं।

साधना के द्वारा योगी अपने हृदय की गति को धीमी, तीव्र या बन्द करके दिखा सकता है।

अपनी पाचन-क्रिया को वश में कर सकता है।

अतः हम देखते हैं कि हम जो कार्य करते हैं—दो अवस्थाओं में करते हैं।

1. ज्ञानावस्था
2. अज्ञानावस्था

जब 'हम कर रहे हैं' बोध रहता है, तब वह ज्ञानावस्था है। इसमें हमें यह पता है कि हम ही कर रहे हैं।

अज्ञानावस्था में हम या मैं का बोध नहीं रहता है।

मन इन दोनों अवस्थाओं से भिन्न-इन दोनों पृष्ठभूमियों से ऊपर भी विचरण कर सकता है। मन तो ज्ञान की भी अतीत अवस्था में चला जाता है।

जिस प्रकार अज्ञान भूमि से जो कार्य होता है। वह ज्ञान की निम्न भूमि का कार्य और ज्ञान की उच्च भूमि से भी—ज्ञानातीत भूमि से कार्य होता है। तब भी अहं' का भाव नहीं रहता।

यह अहं का भाव केवल बीच की ही अवस्था में रहता है।

जब मन इस रेखा के ऊपर होता है। तब भी अहं भाव नहीं रहता और नीचे विचरता रहता है तब भी यह अहंभाव नहीं होता है।

मन की क्रिया तब भी चलती रहती है। अहं भाव रहे या न रहे।

मन जब ज्ञान-भूमि से अतीत तक पहुंचता है, इस रेखा से ऊपर चला जाता है, तब उसी को ज्ञानातीत भूमि या समाधि कहते हैं।

यह समाधि अवस्था ज्ञान के भी उस पार है।

समाधि और नींद एक-सी जान पड़ती है। किन्तु नींद निम्न भूमि है ज्ञान की। समाधि उच्च भूमि है, ज्ञानातीत भूमि है।

अन्तर स्पष्ट है। नींद से जागने पर मनुष्य जैसे गुणों या अवगुणों वाला सोया था, वैसा उठता है। समाधि से उठने पर अन्तर होता है। समाधि प्राप्त करने से पहले मनुष्य में जो अज्ञान, अभाव रहते हैं, वे समाधि के बाद ज्ञानी होकर निकलते हैं। ज्ञानी होकर नीचे आता है। नींद सामान्य है, साधारण और निम्न अवस्था है।

समाधि का यही मतलब है।

समाधि युक्ति से बाहर की बात है।

ईश्वर आत्मा का स्वरूप है—ये सब बातें यह युक्ति क्षेत्र से बाहर का ज्ञान है, जिसे युक्ति से जानना कठिन है।

क्योंकि युक्तियां सबकी अलग-अलग हैं। कोई कुछ कहता है, कोई कुछ।

तर्क और युक्तियों से कभी आत्मा और परमात्मा को नहीं जाना जा सकता।

जबकि जानना आवश्यक है। अनजान प्रश्न मानव जीवन को उलझाये रखते हैं। उनको सुलझाना बहुत आवश्यक है।

मानव जीवन यदि क्षणिक है या सृष्टि कुछ परमाणुओं का आकस्मिक मिलन मात्र है तो फिर दूसरे का उपकार मैं क्यों करूं? फिर तो दया, क्षमा, परोपकार की भावना, इन्साफ या हमदर्दी, सब की सब बेकार की चीजें हैं। इनकी कोई भी जरूरत नहीं है। क्योंकि काम तो सब छल, कपट, लूट और बेईमानी से, अत्याचार, अन्याय से चल ही जाते हैं।

मनुष्य जीवन में ये सत्य अर्थात नीति, ईश्वर, आत्मतत्त्व, प्यार, सहानुभूति, सच्चाई, न्याय आदि कहां से आ गये?

जितना भी यह क्रिया-कलाप है, मानव के सब काम हैं, विचार हैं, सारे नीति शास्त्र हैं। ये सब स्वार्थ त्याग अथवा निःस्वार्थपरता के एक भाव पर टिके हैं।

प्रश्न उठता है निःस्वार्थ क्यों होवें? जबकि ठाक काम स्वार्थ, धोखे और

छल से चलते हैं। फिर यह निःस्वार्थपरता का भाव कहां से आया?

संसार के जितने धर्म हैं सभी को चलाने वालों ने उसे ईश्वरीय उपदेश बताया। पैगम्बर या ईश्वर के वे देवदूत स्वप्न में आकर उन्हें जो बता गये उसी का उन्होंने धर्म के रूप में प्रचार कर दिया। मानव के लिए वही उपदेश बन गये।

वास्तविकता क्या थी? योगी कहते हैं वे अनायास ही ज्ञानातीत भूमि में जा गिरे थे। वह मन की उच्च अवस्था थी।

उन्हें अतीन्द्रिय ज्ञान-प्राप्ति हो गई। जो तर्क और युक्तियों से बाहर है। यह अतीन्द्रिय ज्ञान प्राप्ति कभी-कभी ऐसे व्यक्ति को अनायास प्राप्त हो जाती है जो इसका विज्ञान नहीं जानता है। अतः वह समझता है कि यह ज्ञान बाहर से आया है। जबकि यह उसी के भीतर से प्रकट हो गया। जो उसी में था। मन ने उसे अपनी प्रकृति के अनुसार उसे प्राप्त किया और अपनी शिक्षा, ज्ञान और विश्वास के अनुसार उन्होंने उसे वर्णित किया।

इसमें हानि भी है।

कारण यह है कि इसमें भ्रान्तियां रहती हैं।

साधना द्वारा सिद्ध योगी जब ज्ञानातीत प्रदेश में पहुंचता है तो सत्य का सही अन्वेषण होता है और साधारण मनुष्य जा पड़ता है तो उसकी बातें अलौकिक होते हुए भी अंधविश्वास से भरी होती हैं। वे स्वयं को ही नहीं समझ पाते हैं। भावुकता के बल पर वे उस अवस्था में पहुंच गये थे। साथ में कट्टरता और कुसंस्कार ले आये।

अतः ज्ञानातीत भूमि में—तर्क युक्ति के अतीत जानने के लिए 'समाधि' सही मार्ग है।

योग ऐसे वैज्ञानिक उपाय बताता है।

उन्हीं वैज्ञानिक उपायों के द्वारा वहां पहुंचना श्रेष्ठ है।

सारे कुसंस्कारों को पहले ही छोड़ देना पड़ेगा।

तर्क युक्ति के द्वारा जहां तक पहुंचा जा सकता है, पहुंचें आगे का मार्ग यही दिखला देगी और वहां पहुंचना सरल हो जाएगा।

अतीन्द्रिय ज्ञान भूमि में जाने के लिए वैज्ञानिक उपाय करने चाहिए।

इस अतीन्द्रिय ज्ञान को प्राप्त करने की शक्ति प्राचीन उन महापुरुषों के समान, जिन्होंने प्राप्त किया था, सभी में है।

वे योगी थे। उन्होंने महान साधनाएं की थीं। हम और आप भी वैसे ही मनुष्य हैं। हम भी प्राप्त कर सकते हैं।

ज्ञान-लाभ प्रत्यक्ष ही होता है, वही सच्चा ज्ञान है।

केवल पुस्तकों में पढ़ लेना या सुन लेना ज्ञान नहीं है। प्रत्यक्ष करके देखना चाहिए। कोई वस्तु प्रत्यक्ष देखे बिना उसका यथेष्ट ज्ञान प्राप्त नहीं हो सकता।

अतः योग और कुण्डलिनी के विषय में भी केवल पुस्तकीय ज्ञान पर्याप्त

नहीं है। ईश्वर प्राप्ति भी इन पुस्तकों से नहीं होगी। बल्कि आपको ईश्वरीय ज्ञान और कुण्डलिनी जागरण के लिए प्रयत्न करने होंगे, योग साधनाएं करनी होंगी। योगाभ्यास में प्रत्याहार और धारणा के बाद ध्यान में लगना होगा।

यह ध्यान क्या है? शरीर के भीतर या बाहर किसी स्थान में मन को कुछ काल स्थिर रखने को ध्यान कहते हैं। इसमें मन को किसी स्थान में स्थिर रखने के बार-बार प्रयत्न करते रहते हैं जिससे उसे उस दिशा में प्रवाहित होने की शक्ति मिलती है। इसी अवस्था को ध्यान कहा जाता है।

ध्यानावस्था से ध्यान शक्ति इतनी तीव्र हो जाती है कि मन अनुभूति के बाहरी भाग को छोड़कर केवल उसके अन्तःमार्ग अर्थात भीतर की ओर ही सम्पूर्ण रूप से जाता है। उसी को समाधि कहते हैं।

धारणा, ध्यान और समाधि तीनों से संयम होता है।

स्थूल वस्तु में ध्यान का अभ्यास करने के बाद जब मन संयमित हो जाता है तब सूक्ष्म का ध्यान करना चाहिए।

फिर क्रमशः सूक्ष्म से सूक्ष्मतर में ध्यान लगाना चाहिए।

अन्त में विषय शून्य, निर्विकल्प ध्यान में सफलता मिल सकेगी।

इसके पश्चात समाधि की अवस्था को प्राप्त किया जा सकता है। तब योगी को अनेक प्रकार की अलौकिक शक्तियां प्राप्त हो जाती हैं। इस समाधि में सभी का अधिकार है।

साधना ठीक ढंग से करने पर समाधि की स्थिति को प्राप्त किया जा सकता है। कुण्डलिनी को जगाकर सिद्धियां प्राप्त की जा सकती हैं।

15. कुण्डलिनी का जागरण

साधक जब उपर्युक्त साधनाएं करता है—प्राणायाम, प्रत्याहार, धारणा, ध्यान आदि में जुट जाता है तब किसी भी अवस्था में कुण्डलिनी जागने लग सकती है।

मन एकाग्र हो जाने पर, ध्यान सिद्ध होने पर, प्राणों में गलिशीलता आ जाती है।

प्राण और अपान में आकर्षण और खींचा-तानी होती है।

कुण्डलिनी में ध्यान से वह दिव्य ऊर्जा जागृत हो जाती है।

यह आवश्यक नहीं है कि कुण्डलिनी जगने के बाद ऊर्ध्वगामी रहे अर्थात समस्त चक्रों को बेधती हुई मस्तिष्क के सहस्रार में पहुंच जाए।

किसी की कहीं रुक जाती है किसी की कहीं। बहुतों की जागने पर भी पुनः सुप्त हो जाती है। जो पूर्ण निष्ठा, लगन और निःस्वार्थ भाव से साधना में लगा रहता है, उसी की यह शक्ति मस्तिष्क तक पहुंचती है और वह पूर्णता को प्राप्त करता है।

कुण्डलिनी ठीक प्रकार से जागृत हो गई और ऊर्ध्वगामी हो गई तो उस व्यक्ति में अभूतपूर्व शक्तियों का उदय होता है। उसे ऐसी अनुभूतियां होती हैं जो पहले नहीं हुई। वह ऐसी चीजें—ऐसी कलाएं भी अनायास सीख लेता है जो उसमें पहले नहीं थीं।

व्यक्ति में जब कवित्व, नैतिकता, विद्वता, संगीतज्ञता, साहस आदि अनायास या साधना के फलस्वरूप आ जायें तो समझ लीजिए, कुण्डलिनी शक्ति ही प्रभाव दिखा रही है।

साधना जितनी भी निष्ठा से की जाएगी उतनी ही क्रियाशीलता कुण्डलिनी में बढ़ेगी।

साधना के साथ-साथ ऊर्जा शक्ति के प्रति पूर्ण समर्पण का भाव भी रहना चाहिए।

आप ध्यान किसी भी प्रकार से करें किन्तु करें समर्पण और निष्ठाभाव से।

उसमें एकाग्रता आनी चाहिए।

उसमें डूब जायें, तब शरीर में कम्पन्न होंगे।

वर्तुलाकार-सा उठना शुरू होगा जो ऊपर की ओर जाना चाहेगा।

परन्तु यह स्थिति तब आती है जब आप अभ्यास में लगेंगे। जब आप साधना मन लगाकर करेंगे, जब आपका मन पवित्र और निःस्वार्थ होगा। केवल ऊपरी दिखावों से यह संभव नहीं है।

यह मन बड़ा चंचल है। बे-लगाम घोड़ों की भांति दौड़ता है। इसे ही वश में करना है।

वातावरण और आहार-विहार सही रखते हुए पहले मन को वश में करने के अभ्यास करना चाहिए तब ध्यान करना चाहिए।

इसी साधना का फल कुण्डलिनी जागरण है जिस शक्ति की बात की जाती है, वही तो कुण्डलिनी है। यह शक्ति यदि नीचे की ओर बहती है तो भौतिक सुख ही प्राप्त किये जा सकते हैं।

यह ऊर्जा यदि ऊर्ध्वगामी होती है तो उसका अध्यात्म पक्ष सिद्ध होती है।

धर्म, अर्थ, काम और मोक्ष में—काम की शक्ति ऐसी है जो एक असीम ऊर्जा शक्ति का भी रूप धारण कर सकती है।

यदि उस ऊर्जा शक्ति को भौतिकता की ओर खींचते हैं, उसी क्षेत्र में क्रियाशील करते हैं, तो वह कामुक विचारधारा के कारण—भोगवाद होने के कारण—शरीर में कामशक्ति के रूप में होती और संचालित रहती है तथा मनुष्य भोग में प्रवृत्त रहता है। वह अपनी शक्ति को कामेच्छाओं की पूर्ति और काम सुख प्राप्ति में लगा देता है।

इस ऊर्जा को यदि ऊर्ध्वगामी कर दिया जाए तो मनुष्य को आध्यात्मिक उपलब्धियां प्राप्त होती हैं और धर्म, अर्थ व मोक्ष की प्राप्ति कर सकता है।

योग के लिए भी इस शक्ति को ब्रह्मचर्य द्वारा ऊर्ध्वगामी ही किया जाता है।

बहुत से विद्वान तो वीर्य से निर्मित 'ओजस' को ही कुण्डलिनी शक्ति कहते हैं। इसी शक्ति को ऊपर की ओर प्रवाहित किया जाता है। तभी महान उपलब्धियां होती हैं। शरीर तेजस्वी, बलिष्ठ और दीर्घायु होता है। कोई रोग शरीर में नहीं रहता है। आनन्द और सुख का सागर अन्तर में लहराता है। उस आनन्द और सुख के सामने संसार के भौतिक सुख कुछ भी नहीं हैं।

प्रत्यक्ष के लिए प्रमाण यही है आप स्वयं इन साधनाओं को करके देख लीजिए।

आप देखेंगे कि कुछ ही महीनों में आप अपने शरीर, मन और आत्मा में अनेक परिवर्तन पाते जा रहे हैं और भौतिक सुख आपको तुच्छ लगने लगे हैं।

16. आवश्यक सावधानियां

आप कुण्डलिनी जगाना चाहते हैं और योग साधनाएं कर रहे हैं।

किसी भी साधना से कभी-कभी लाभ के स्थान पर हानि भी हो सकती है और हानि नहीं होती तब भी लाभ नहीं होता है।

ऐसा क्यों होता है?

असावधानी के कारण।

नियमों में अनाड़ीपन और अनभिज्ञता के कारण।

कुण्डलिनी जागरण के लिए की जाने वाली योग साधना में आपको निम्नलिखित सावधानियां रखनी हैं—

1. योग के लिए आवश्यक साधना नियमित

साधना नियमित रखें। यदि आप किसी भी साधना को कभी-कभी करते हैं तो उसका कोई परिणाम नहीं होता।

आपका श्रम और समय व्यर्थ चला जायेगा।

नियमित साधना न करने से अच्छा है कि आप शुरू ही न करें।

किसी भी कार्य को शुरू करके छोड़ना बुरा है।

योग की भी यही बात है।

इसकी साधनाएं तभी सिद्ध होती हैं जब उन्हें नित्य नियमानुसार किया जाता है। बीच में छोड़-छोड़कर नहीं।

यह तो स्वयं सिद्ध बात है कि किसी भी अभ्यास में यदि अनियमितता है तो वह छूट सकता है। आप कोई वाद्य बजाना सीख रहे हैं, संगीत का अभ्यास कर रहे हैं या अन्य कोई कला सीख रहे हैं तो आप जब तक नियमपूर्वक बिना बीच-बीच में छोड़े अभ्यास नहीं करते हैं तब तक उस कला में पारंगत नहीं हो सकते हैं।

किसी भी कला से प्रवीण होने के लिए ही जब अभ्यास की निरन्तरता और परिश्रम अभीष्ट है तो यह तो योग की साधनाएं हैं जिससे अलौकिक शक्तियां प्राप्त होती हैं।

अतः प्रत्येक साधक के लिए यह अनिवार्य है कि वह अभ्यास शुरू करके बीच में एक दिन के लिए भी न छोड़े।

2. साधना सही ढंग से

योगाभ्यास में यह भी ध्यान रखना चाहिए कि आप प्राणायाम, ध्यान आदि नियमानुसार, सही ढंग से करें। गलत ढंग से की गई साधना हानिकारक भी सिद्ध हो सकती है। क्योंकि कुण्डलिनी शक्ति, जो एक शारीरिक ऊर्जा है यदि इसे गलत ढंग से जागृत किया जायेगा या साधना के बीच में आप आवश्यक

नियमों का पालन नहीं करते हैं तो सुपरिणाम नहीं निकलेंगे।

अतः आवश्यक तो यही है कि अभ्यास को सही ढंग से करें और यह तभी हो सकता है जब अपने किसी योग्य योगी या योग्य शिक्षक से इन क्रियाओं को सीखें। सुयोग्य शिक्षक की देखरेख में—या किसी अच्छे योगी से सीखा हुआ योग ही उपयोगी है।

गुरुओं के पास योगांगों को प्रायोगिक रूप में ही सीखें—मौखिक से लाभ नहीं है। मौखिक तो ऐसा ही है जैसे पुस्तक में पढ़ना।

पुस्तकों से भी आप सीखने में सक्षम हैं तो सीखिए किन्तु सावधानी से। बुद्धिमान व्यक्ति के लिए यह कठिन नहीं है। सामान्य बुद्धि वालों के लिए प्रायोगिक शिक्षा इस विज्ञान की आवश्यकता है।

3. अभ्यास के लिए स्थान उपयुक्त चुनें

योगाभ्यास के लिए आप स्थान का चुनाव भी सही करें। बहुत से लोग कोलाहल भरे और तनावपूर्ण वातावरण में अभ्यास करते हैं जिससे उन्हें बार-बार असफलताओं का मुख देखना पड़ता है। ऐसे लोगों से हमारा यही निवेदन है कि वे योगाभ्यास के लिए—कुण्डलिनी जागरण की साधनाओं के लिए ऐसा स्थान चुनें जहां शोरगुल न होता हो।

उस स्थान के पास कोई कारखाना, रेलवेस्टेशन, बस-स्टैंड या आम सड़क नहीं होनी चाहिए। बाजार भी वहां से अलग हो तो अच्छा है क्योंकि शोर-शराबे और तनावों का साधक के मन पर प्रभाव पड़ता है। मन को एकाग्र करने में कठिनाई आती है।

स्थान, निर्जन न, बाग, खेत, मैदान में हो या कहीं एकांत में बना मंदिर अथवा खंडहर हो तो बहुत ही अच्छा है।

पर्वतों और घाटियों में योगी इसीलिए तो साधना करते हैं।

यदि आप नगर में रहते हैं और उपयुक्त स्थान नहीं मिल रहा है तो अपने घर पर ही साधना कर सकते हैं। इसके लिए आप अपना एक कमरा चुन लें और उसी को साधना-कक्ष बना लें।

अपने साधना-कक्ष को आप सदैव साफ और स्वच्छ रखिए। गंदगी और दुर्गन्ध न हो। इसके लिए कमरे में आप धूपबत्ती, अगरबत्ती या हवन सामग्री का प्रयोग कर सकते हैं। कमरे में सुगन्ध भी अधिक तीव्र न हो और न आंखें फोड़ डालने वाला धुआं ही छा जाये।

उस साधना-कक्ष में कोई धूम्रपान या शराब का प्रयोग न करे, न करके उसमें घुसे।

विचारों से भी कमरे में शुद्धि हो।

साफ-स्वच्छ इतना हो कि उसमें मक्खी, चूहे, चींटियां आदि न हों।

प्रत्येक दृष्टि से वह स्थान उपयुक्त और साधना के लिए उपयोगी हो।

4. वैचारिक अशुद्धि न हो

सदैव विचारों को पवित्र रखिए। योग में यही सबसे बड़ी सावधानी रखनी

है कि आपके विचारों में क्षणभर के लिए भी अपवित्रता न आने पाये। ऐसा तब होगा जब आप पूर्णरूपेण मन, कर्म, वचन से ब्रह्मचर्य का पालन करेंगे।

आपका भोजन तामसिक या राजसी न हो। क्योंकि कहावत है—जैसा अन्न, वैसा मन। भोजन का विचारों पर प्रभाव पड़ता है।

अतः हलका और सुपाच्य भोजन करें।

उत्तेजक पदार्थ भूलकर भी न खा लें। यह सोचें कि आज खा लें, फिर न खायेंगे। सन्तुलन तो प्रत्येक दिन रहना चाहिए।

बहुत से लोग भोजन में ही असावधानी बरतते हैं। उन्हें जब सफलता नहीं मिलती तो इस विज्ञान में ही त्रुटियां निकालने लगते हैं जबकि गलती वे स्वयं करते हैं।

इसलिए भोजन-सम्बन्धी सावधानी विशेष रूप से बरतें ताकि विचार शुद्ध और पवित्र ही रहें।

विचारों को दूषित करने वाले कई मनोरंजन के साधन भी हैं जिनमें प्रमुख हैं—सिनेमा, नौटंकी और अश्लील पुस्तकें।

इनसे बचिए।

उत्तेजक दृश्यों और चित्रों से भी बचते रहें। अपनी पत्नी के अतिरिक्त प्रत्येक स्त्री में मातृभाव देखें।

प्रत्येक स्त्री को मां, बहिन और पुत्री के समान समझें और किसी के प्रति दूषित विचार मन में कभी न आने दें।

योगाभ्यास के दिनों में अपनी पत्नी से भी आप सखा भाव रख सकते हैं। उसे प्रेम करें किन्तु दोनों संयोग से बचे रहें और वह आपकी आपके अभ्यास में पूर्ण सहयोग दे।

उचित तो यही है कि कुंआरों, विधुरों या सन्तान के अपने पांवों पर खड़े होने के पश्चात् ही आप योगाभ्यास करें। वानप्रस्थी और संन्यासी के लिए तो वह अनिवार्य हो सकता है। उन्हें तो इस साधना में अवश्य जुट जाना चाहिए।

जो विवाह न करना चाहें वे ब्रह्मचारी भी योग में प्रवृत हो सकते हैं।

गृहस्थी को अपनी जिम्मेदारियां पूरी करने के पश्चात् इसमें लगना चाहिए। हां गृहस्थ भी प्राणायाम और अन्य साधनाएं करते हुए अपने अन्य कार्य कर सकता है। उसके पास पूरा समय योग के लिए नहीं है।

विचारों की पवित्रता सभी के लिए है।

वैचारिक शुद्धि के लिए अपने उन सभी मित्रों का भी साथ छोड़ दें तो उचित है, जो विचारों की दृष्टि से कामुक हैं, चरित्रहीन हैं या रसिक वृत्ति के हैं। उनसे मिलना-जुलना बन्द कर दें। क्योंकि इससे आपके मन पर दूषित प्रभाव पड़ सकता है। कोई भी आपको पतन के मार्ग की ओर आकर्षित कर सकता है।

अतः ऐसे मित्रों से भी सावधान रहें।

अपने विचारों में कभी स्वार्थ भावना भी न आने दें।

यह भी योग मार्ग में बाधा है। इसी से दुःख उत्पन्न होता है और दुःख

शरीर तथा मन दोनों को हानि पहुंचा देता है। कुण्डलिनी जागरण में यही बाधक बन जाता है।

5. रोग न होने दें

शरीर और मन पूर्णरूपेण स्वस्थ होना चाहिए। वैसे योगाभ्यासी व्यक्ति बहुधा रोगग्रस्त नहीं होता है। रोग तो उससे दूर भाग जाते हैं। परन्तु कभी-कभी ऋतु या देश के प्रभाव से स्वास्थ्य में विकार आ सकता है।

अतः सावधान रहें।

हो सके तो योगाभ्यास के दिनों में यात्रा न करें। उस क्षेत्र को न छोड़ें जहां आप साधनारत हैं। कुण्डलिनी जागरण के लिए यह आवश्यक है कि आप बीमार न पड़ें।

बीमार व्यक्ति की कुण्डलिनी शक्ति कभी नहीं जाग सकती।

अतः पूर्ण रूप से स्वस्थ रहें।

स्वास्थ्य लाभ के लिए उत्तम योगासन भी किये जा सकते हैं जिनसे शरीर बलिष्ट बनता है। शौचादि भी सही समय पर करें।

पेट साफ रखें। कब्ज कभी न पड़ने दें। इसके लिए अल्प और शुद्ध आहार, समय पर मल-त्याग और उचित व्यायाम आवयश्क है।

6. योगासनों में सावधानी बरतें

आपको कुण्डलिनी जागृत करनी है, बलवान नहीं बनना है, कुश्तियां नहीं लड़नी हैं। अतः आपकी वृत्ति आध्यात्मिक रहे, यह कभी न भूलें। जब आप योगाभ्यास करें तो मन में यह भाव न रहे कि आपका शरीर इससे स्वस्थ और मजबूत हो रहा है तथा स्वस्थ शरीर में ही स्वस्थ मन रहता है। यह भाव न आये कि अब बलवान बनकर अमुक को परास्त करना है या कुश्ती लड़नी है।

ऊटपटांग, उलटे-सीधे ऐसे आसन भी कभी न करें जिनको आपने किसी से सही ढंग से नहीं सीखा है। उसका दुष्प्रभाव ही हो सकता है।

हां, 'हठयोग' के लिए ही कर रहे हैं तो उसके लिए अलग से हम आसनों के विषय में लिखेंगे।

7. जब कुंण्डलिनी जागने लगे, प्रसन्न रहें

जब आपकी साधना के परिणाम-स्वरूप आपकी कुण्डलिनी जागती है तो मूलाधार में एक वर्तुल-सा उठता है। क्योंकि वही प्राण और अपान से आघात होते हैं। उस समय शरीर में कम्पन होता है। एक तूफान जैसा शरीर में लगता है।

तब घबरायें नहीं।

उस प्रक्रिया को सहयोग दें।

उसे होने दें, रोकने का प्रयास न करें। वही तो है कुण्डलिनी जागरण।

दिव्य प्रकाश के दर्शन होने लगेंगे। उन्हें आप देखें।

बल्कि प्रयास करें कि कुण्डलिनी शक्ति अपनी सुषुम्ना में प्रवेश करके, सभी चक्रों का बेधन करती हुई अन्तिम चक्र, सहस्रार (मस्तिष्क) में पहुंच जाये और आपको अलौकिक शक्तियों का स्वामी बना दे।

इसके लिए आप सुषुम्ना, चक्रों और उस दिव्य ऊर्जा कुण्डलिनी के काल्पनिक रूप का ध्यान करते हुए, इच्छा-शक्ति का भरपूर प्रयोग कर सकते हैं।

8. क्रोध न आ जाये

आप साधनारत हैं और आपके निकट आकर कोई बालक या परिवार का सदस्य शोर करता है, बोलता है, बर्तन खड़-खड़ा देता है या आपका कोई कुत्ता आदि पशु पास में आ जाता है और आपका ध्यान भंग हो जाता है, तो भी उस पर क्रोध न करें। मुस्कुराकर प्रेम से समझा दें और भविष्य में स्वयं भी सावधानी रखें कि कोई वहां आने का अवसर न पाये।

9. कुण्डलिनी पर आघात

साधारण चोटों का कुण्डलिनी पर प्रभाव नहीं पड़ता है। उस पर तो जोर-जोर से श्वास-प्रश्वास और ध्यान-कल्पना से आघात करने पड़ते हैं।

सामान्य स्थिति का उस पर प्रभाव नहीं होता है।

वह सोयी रहती है।

उसे जगाने के लिए श्वास-प्रश्वास क्रिया को सुनियोजित करके मूलाधार पर आघात करें।

अतः परमार्थ की भावना मन में रखकर ही श्वास-क्रिया और कल्पना से कुण्डलिनी के मूलाधार पर गहरी चोट किया करें ताकि वह जाग सके।

काम या क्रोध युक्त श्वास कभी न हो। इन्हें तो जीत ही लेना चाहिए।

तीव्र आघात वाली क्रिया अत्यन्त आवश्यक है। उसी से मूल पर चोट पड़ती है।

इसके लिए सतत प्रयास करते रहें। प्रतिदिन चोट करते रहें। अभ्यास में लगे रहें। आपको यह भी अनुभव होते रहना चाहिए कि चोट कहां-कहां पड़ रही है।

यदि श्वास-क्रिया या प्राणायाम का प्रभाव नहीं पड़ रहा है। तो आप निराश न होइये।

अभ्यास में जुटे रहिये।

कभी-कभी ऐसा होता है कि कुण्डलिनी पर प्रभाव न पड़ कर श्वासों की चोट यौन केन्द्रों पर पड़ती है। वे भी उसी के निकट होते हैं। तब भी घबराने के स्थान पर धैर्य से काम लें और मन को वश में लाने का प्रयास करें।

आप धीर-धीरे सांस लेकर मन संयम करके कामोत्तेजना को दबा सकते हैं।

अपने अभ्यास को बिलकुल न छोड़ दें।

17. छः चक्रों का बेधना

कुण्डलिनी को शरीर में स्थित छः चक्रों का बेधन करके मस्तिष्क तक पहुंचना पड़ता है, ऐसा योगाचार्य कहते हैं।

शरीर में छः चक्र हैं।

जिनमें प्रमुख है मूलाधार के बाद नाभि-चक्र, हृदय-चक्र और मणिपूर।

सब चक्रों का बेधन करके ही कुण्डलिनी मस्तिष्क के सहस्त्र पर चक्र में पहुंचती है।

बीच के चक्र इसके स्टेशन हैं। उन्हीं पर गाड़ी रुकी न रहे। आगे बढ़ती रहे, ऐसा आप ध्यान रखें।

श्वास-क्रिया संयमित रहे और चोट कहां है यह ज्ञान रहे। यह ज्ञान स्वतः होता रहता है।

जब सब ओर आघात होने लगेंगे और ऊर्जा ऊर्ध्वगामी हो जायेगी तो साधक के व्यक्तित्व में भी परिवर्तन आने लगेगा।

आघात जहां-जहां, जिस-जिस केन्द्र पर होगा, वहीं-वहीं परिवर्तन दिखाई देगा।

कितना परिवर्तन होता है, यह आपके अभ्यास पर निर्भर है।

जिस ओर मन लगाते हैं, वह दृश्य सामने हो या दूर, कहीं दृष्टि से ओझल हो, मन में वह दृश्य साकार अवश्य हो उठता है।

आप किसी स्त्री के विषय में सोचते हैं तो यौन केन्द्रों में सक्रियता आयेगी। कामोत्तेजना भी आ सकती है।

किन्तु स्त्री सामने होने पर भी यदि मन में स्त्री या काम सम्बन्धी विचार नहीं है तो उत्तेजना नहीं आ सकेगी। यौन केन्द्र निष्प्रभावी रहेंगे।

अतः मन का सभी केन्द्रों पर प्रभाव है। मन के सहयोग से ही बाहरी अंग सक्रिय होते हैं।

18. शक्तिपात करना-कराना

पहले आप शक्तिपात का अर्थ समझ लें। शक्ति तो आप जानते हैं। 'पात' का अर्थ है गिराना या देना।

शक्तिपात का अर्थ होता है—शक्तिशाली का अपने में कम शक्ति वाले को शक्ति प्रदान करना।

अतः योग में शक्तिपात उसे कहते हैं जब योग शक्ति या ऊर्जा से सम्पन्न प्रभावशाली व्यक्ति अपने शिष्य-शिष्या को ऊर्जा (शक्ति) प्रदान करता है।

यह शक्तिपात कोई साधारण व्यक्ति नहीं कर सकता।

कोई असाधारण व्यक्तित्व वाला व्यक्ति ही शक्तिपात करने में समर्थ होता है।

प्रायः हाथों की अंगुलियों या पावों की अंगुलियों से ही शक्तिपात किया जाता है।

अंगुलियों को मस्तक से छुआ जाता है। शिष्य श्रद्धाभाव से शक्तिपात करने वाले गुरु की आंखों में देखता है। और गुरु उसके मस्तक पर हाथ या पांव का स्पर्श करता है।

शक्तिपात का सम्बन्ध मन और इच्छा से है।

शक्तिवान देने की इच्छा करता है, शिष्य लेने की इच्छा रखता है।

दोनों की इच्छाएं एकाकार होती हैं।

दोनों के मन एक दूसरे की बात समझते हैं। सूक्ष्म शरीर इससे प्रभावित होता है। और शक्तिपात होता है।

शक्तिपात करने वाला शक्ति सम्पन्न और परमार्थी हो तथा शिष्य योग्य और श्रद्धालु होना चाहिए। अन्यथा शक्तिपात न हो सकेगा।

उचित तो यही है कि आप स्वयं साधना से शक्ति अर्जित करें,

शक्तिपात अपने ऊपर न कराएं।

19. कुण्डलिनी जागने पर

आपकी कुण्डलिनी जब जाग उठेगी और सहस्त्रार तक पहुंच जाएगी तो कई आश्चर्यजनक और दिव्य परिवर्तन होंगे। जैसे–

1. अतीन्द्रिय ज्ञान भूमि

आप अतीन्द्रिय, ज्ञानातीत भूमि में पहुंच सकते हैं जहां आपको तर्क-वितर्क और मुक्तियों से परे का अद्‌भुत ज्ञान होगा। जो बातें आप कभी सोचे भी नहीं थे, वे आपको अनुभव होंगी। ऐसा ज्ञान आपको हो जायेगा जिसे सब दिव्य ज्ञान या ईश्वरीय ज्ञान कहते हैं।

2. भविष्य की जानकारी

आपको भविष्य और भूत की जानकारी होने लगेगी। आप अपने और दूसरों के भूतकाल और भविष्यत काल के विषय में जान सकेंगे।

पशु-पक्षियों में यह ज्ञान और अनुभव सहज रूप में पाया जाता है। अनेक पशु और पक्षी उस स्थान पर आना छोड़ देते हैं जहां भविष्य में कोई आपत्ति या खतरा आने वाला है।

कुण्डलिनी जागृत होने पर बहुतों को भूत और भविष्य का ज्ञान हो जाता है और त्रिकाल दर्शी हो जाते हैं।

बहुतों को दिव्य आवाजें सुनाई दती हैं और जिसे जो आवाज अच्छी लगती है, वह योगी उसी में रम जाता है।

बहुतों को दिव्य सन्देश प्राप्त होते हैं।

कई विद्वान योगियों ने इसके विषय में कहा है कि यह अपने ही भीतर से आने वाली अनुभूति है। वेदान्त दर्शन और योग तो यही कहता है कि आत्मा का अटूट सम्बन्ध परमात्मा से है। दोनों एक तत्त्व हैं।

3. पहला व्यक्तित्व समाप्त

मनुष्य का व्यक्तित्व बदल जाता है और वह नया ही पुरुष बन जाता है, जो अनेक दिव्य शक्तियों से सम्पन्न होता है।

पहले वह कमजोर रहा है तो कुण्डलिनी के जागरण होनेपर शक्तिशाली भी हो सकता है। बुद्धि कम रही हो, तो कुण्डलिनी शक्ति उसे विद्वान बना देती है।

20. आपका कर्तव्य

कुण्डलिनी जागृत होने पर यदि आपको दिव्य शक्तियां प्राप्त हो जायें तो आपका परम कर्तव्य है कि आप उस शक्ति को लोकोपकार में लगायें।

अपनी दिव्य शक्तियों से समस्त प्राणियों को लाभ पहुंचायें।

बहुत से योगी गुरु बनाने के बाद नये मत-मतान्तर चला देते हैं और अपनी पूजा कराने लगते हैं।

फिर वे भौतिक सुखों में प्रवृत्त हो जाते हैं। तभी तो आज हम देखते हैं कि देश में ऐसे कई लोगों ने नये-नये सम्प्रदायों को जन्म देकर अलग-अलग विचार धाराएं फैला दी हैं। अपार धन संग्रह करके आश्रम बनवाये हैं और हवाई जहाजों में सैर करते फिर रहे हैं। उपकार की अपेक्षा वे लोगों को जड़ बना रहे हैं। 'सामूहिक हिप्नोटिज्म' करके वे उनकी सोचने की शक्ति को नष्ट कर रहे हैं। ऐसे लोगों के मस्तिष्कों के लिए खतरे हैं। वे अपने नहीं गुरुओं के मन के अनुसार चल-फिर रहे हैं।

आप मानव कल्याण कीजिएगा।

इसके लिए आवश्यक है कि पहले से ही अपने मन में अच्छे संस्कार बना लें, भावनाओं में पवित्रता भर लें।

आपका मन पहले से ही पवित्र है, आपकी भावनाओं में पहले से ही लोकोपकार और मानव-कल्याण की भावना है तो निश्चित रूप से आप कुण्डलिनी जागरण के पश्चात भी सभी मानव प्राणियों के कल्याणार्थ अपना जीवन लगायेंगे।

हमारे प्राचीन ऋषि मुनियों ने सदैव अपनी इस ऊर्जा को मानव कल्याण में लगाया था।

बड़े-बड़े ग्रंथ साक्षी हैं।

वर्तमान युग में भी कई ऐसे दिव्य पुरुष हुए हैं। पिछले सौ-दो सौ वर्षों के भीतर भी आप देख सकते हैं कि किस प्रकार स्वामी दयानन्द, स्वामी विवेकानन्द और स्वामी रामतीर्थ ने अपने जीवन को परामार्थ में लगाया था। वे चाहते तो अपनी पूजा करा सकते थे। अपने-आपको भगवान का अवतार या दिव्य पुरुष घोषित कर सकते थे और लोग विश्वास भी कर सकते थे।

परन्तु उन्होंने ऐसा नहीं किया।

वे महान थे, महान रहे।

आज भी संसार उनका ऋणी है।

भाग-3

हठयोग और सिद्धियां

(भाग-3)

1, हठयोग और सिद्धियां

योग से सिद्धियां प्राप्त होती हैं। इस बात से सभी सहमत हैं। महर्षि पतंजलि ने भी इस सत्य को स्वीकार किया है। वे भी अपने सूत्रों में लिखते हैं—

'संस्कार साक्षात्कारणात पूर्व जाति ज्ञानम्।'

अर्थात् संस्कारों के साक्षात करने से पूर्व जन्म का ज्ञान हो जाता है।

पतंजलि का यह कथन सत्य सिद्ध हो जाता है क्योंकि बहुत से योगी अपने पूर्व जन्म का हाल जानते हैं। यह योग की सिद्धि ही है। पतंजलि का योग दर्शन सांख्यमत पर आधारित 'राजयोग' है। उन्होंने 'हठयोग' का कोई उल्लेख नहीं किया है। हठयोग की कोई क्रिया नहीं लिखी है। राजयोग की ही उपलब्धियां लिखी हैं। वे लिखते हैं—

'कायरूप संयमातद्ग्राह्य शक्तिस्तम्भे चक्षु प्रकाश—सम्प्रयोगेऽन्तर्ध्यानम्।।'

अर्थात शरीर के रूप में संयम करने से उसके रूप के रुकने से नेत्रों की ग्राह्य शक्ति रुक जाती है, तब योगी अन्तर्ध्यान हो जाता है।

'सोपक्रमं निरूपक्रमं च कर्म सत्संयमादपरांत ज्ञानमरिष्टेभ्यो।।'

सोपक्रम और निरूपक्रम नामक कर्मों में संयम करने से अथवा अरिष्टों से मृत्यु का ज्ञान हो जाता है।

योग दर्शन में तो यह भी लिखा है कि योगी हाथी जैसा बल, लोक-लोकान्तरों का ज्ञान, चन्द्रमंडल, तारागण का ज्ञान, प्राप्त कर लेता है।

योगी आत्म ज्ञान प्राप्त कर लेता है। उसे तब प्रातिम श्रवण वेदना, आदर्श, आस्वाद, वार्ता आदि दिव्य शक्तियां प्राप्त होती हैं।

योगी अन्य शरीर में प्रवेश कर सकता है।

कांटों पर चलना, जल पर चलना, पृथ्वी से उठ जाना तो योगी के लिए साधारण बात है।

योगी इच्छा मृत्यु को प्राप्त कर लेता है।

'हठयोग' में भी प्राप्त होने वाली सिद्धियों और उपलब्धियां लगभग ये ही हैं।

हठयोग चूंकि स्थूल देह से अधिक सम्बन्धित है अतः हठयोगी शरीर सम्बन्धी कार्य अद्भुत और दिव्य या अलौकिक लगने वाले कार्यों की भांति

कर सकत ह।

हठयोग की कुछ उपलब्धियों के विषय में लिखते हैं–

1. स्थिर यौवन

हठयोग की यह महान उपलब्धि है। हठयोगी बुढ़ापे को जीत लेता है।

वह सौ वर्ष से ऊपर हो जाने पर भी जवान बना रहता है। उसके बाल सफेद नहीं होते, आंखें और दांत वैसे ही रहते हैं। शरीर स्वस्थ और मजबूत रहता है। आज भी डेढ़ सौ से भी ऊपर आयु वाले स्वस्थ योगी भारत वर्ष में हैं।

2. इच्छा मृत्यु

योगी को अपनी मृत्यु का पूर्व आभास हो जाता है और वे तब इच्छित दिन शरीर का त्याग करते हैं। भीष्म पितामह बाल ब्रह्मचारी थे। वे किसी योगी से कम न थे। ब्रह्मचर्य से ही उन्हें यह सिद्धि प्राप्त हुई थी। छः माह वे बाणों की शैय्या पर पड़े रहे थे।

3. असीम बल पराक्रम

हठयोग से शरीर के द्वारा असाधारण और अन्य लोगों को अलौकिक लगने वाले शक्ति पराक्रम के कार्य किये जा सकते हैं जैसे कारों का रोकना, घोड़ों की गाड़ी पीछे से पकड़ कर रोक लेना, लोहे की जंजीर तोड़ना, छाती पर पत्थर तुड़वाना, सीने हाथी तक खड़ा कर लेना आदि।

4. आकाश गमन और जल पर चलना

शरीर को हलका करने की योग विद्या जानने पर ही यह संभव है। शरीर और आकाश तत्त्व के सम्बन्ध में संयम करने से योगी शरीर को रुई की तरह हलका बना सकते हैं तब आकाश गमन और जल पर चलना असम्भव नहीं है। इसे तो पतंजलि ने भी माना है।

5. किसी पर भी इच्छा-शक्ति का प्रयोग

किसी पर भी इच्छा-शक्ति प्रयोग कर सकता है इसी को वशीकरण या सम्मोहन भी कहते हैं। यह मन की साइस है जिसे हठयोगी जानता है। योगी समूह-से-समूह, भीड़-की-भीड़ को अपनी इच्छानुसार चला सकता है।

'सम्मोहन विज्ञान' हठयोग का ही विषय है। इसे सीखने और सिद्ध करने के लिए हठयोग 'त्राटक' आदि अंगों को सिद्ध किया जाता है।

इस विज्ञान के द्वारा मनुष्य दूसरों को अपने आदेशानुसार चला सकता है, उसके मन पर अधिकार कर सकता है, कार्य करा सकता है, उसके रोगों का उपचार कर सकता है, उसकी बाधाएं दूर कर सकता है। यह सम्मोहन विद्या से होता है और सम्मोहन भी हठयोग से सिद्ध होता है।

6. निर्भय

हठयोगी भी राजयोगी की भांति निर्भीक हो जाता है। राजयोगी 'अंहिसा' को सिद्ध करने पर हिंसक पशु से भी नहीं डरता। उसे ऐसे पशु हानि नहीं पहुंचाते। हठयोगी शरीर को इतना सबल और प्रभावशाली बना लेते हैं कि हिंसक जानवर भी भयभीत हो जाता है।

7. दूसरों के मन का ज्ञान

सम्मोहन आदि से यह ज्ञान भी प्राप्त किया जा सकता है।

8. आठ सिद्धियां

योग से आठ सिद्धियां—अणिमा, महिमा, गरिमा, लघिमा, प्राप्ति, प्राकाम्य, वशित्व, ईश्वरत्व, आदि प्राप्त हो जाती हैं।

इनके द्वारा योगी शरीर को अत्यन्त दीर्घ, अत्यन्त सूक्ष्म, अत्यन्त हलका, अत्यन्त भारी कर सकता है। वह इच्छानुसार कहीं भी जा सकता है। वह जिस वस्तु की इच्छा करता है, प्राप्त कर सकता है। किसी को भी वश में कर सकता है। स्वयं वश में नहीं होता कुछ उत्पन्न कर सकता है और नष्ट भी कर सकता है जो ईश्वरीय कार्य हैं।

9. दूर श्रवण, दूर-दर्शन

योगी दूरवर्ती स्थान का शब्द सुन सकता है और वहां देख सकता है।

10. परकाय प्रवेश

दूसरों के शरीर में प्रवेश। योगी ऐसा कर सकता है। ऐसे अलौकिक कार्य बहुत देखे गए हैं। विज्ञान भी इतनी प्रगति नहीं कर सका है।

11. सूक्ष्म, गुप्त, दूरस्थ ज्ञान

योगी अत्यन्त गुप्त और सूक्ष्म रहस्य को जानने में सफल हो सकता है और दूरस्थ वस्तु की जानकारी प्राप्त कर सकता है। यह तो हम जानते हैं कि खोई हुई वस्तुओं के विषय में बताने वालों में अधिकतर लोग ज्योतिष विज्ञान का प्रयोग करते हैं या यूं ही झूठा ढोंग करते हैं। किन्तु सच्चा योगी इसे भी कर सकता है। वंह सैकड़ों मील दूर से उस चीज के बारे में बता देगा।

12. भूख-प्यास पर विजय

योगी भूख-प्यास पर नियंत्रण कर सकता है और अनेक दिनों तक भूखा-प्यासा रह सकता है। वह 'वायु' पर ही कई दिनों तक निर्भर रह सकता है।

इसके अतिरिक्त अनेक सिद्धियां या विभूतियां सभी प्रकार के योगों से होती हैं।

फिर भी सबसे महत्त्वपूर्ण यही है कि योग से चित्त वृत्तियों का निरोध होकर चित्त परमात्मा में लगता है और अन्त में आत्मा और परमात्मा में सम्बन्ध जुड़ जाता है।

हठयोग का भी अन्तिम लक्ष्य तो यही है। हठयोग से एक महत्त्वपूर्ण लाभ यह है कि मनुष्य दीर्घ जीवी, अत्यन्त स्वस्थ, शक्तिशाली, मन को वश में रखने वाला, सामर्थ्यवान, इन्द्रिय जयी बनकर यदि चाहे तो विश्व का बहुत कल्याण कर सकता है।

दुःख तो तब होता है जब लोग 'हठयोग' में थोड़ी-सी सिद्धि प्राप्त होते ही उनके प्रदर्शन में लग जाते हैं और धन तथा यश की प्राप्ति में लग जाते हैं। वे लोग न तो अपना कल्याण कर पाते हैं, न संसार का। संसार को लाभ नहीं पहुंचा पाते और अपने अधूरे योग को भ्रष्ट करके अंत में सिद्धियों को नष्ट कर लेते हैं।

2. सिद्धियों से लाभ

किसी भी वस्तु से लाभ भी होता है और हानियां भी।

योग सिद्धियों से लाभ या कल्याण भी है और हानियां एवं अनिष्ट भी संभव है।

प्रथम हम लाभ के विषय में लिखते हैं।

लाभ दो प्रकार के होते हैं।

1. निजी।
2. परमार्थिक।

1. निजी लाभ–

(अ) सिद्धियों से योगी स्वयं लाभ उठाता है। उसे उन सिद्धियों से आनन्द की अनुभूतियां होती हैं। जैसे, वह अपने और दूसरों के विषय में पूर्णरूपेण जानता है। इस रहस्यों को जानने से उसे सुख मिलता है।

(आ) आत्म रक्षा–योगी जब दूसरों के मन की बात जान लेता है। तो अपने शरीर का अनिष्ट चाहने वाले के भी मनोभावों का पता लगने पर उसे वश में करता है या स्वयं उससे दूर हो जाता है।

(इ) हठयोगी अपने शरीर का पूरा अधिकार रखता है। उसे कोई विष दे देता है तो योगी उसे हठयोग कि क्रियाओं द्वारा उदर से निकाल बाहर करने में समर्थ है।

(ई) त्राटक आदि को सिद्ध करने पर हठयोगी चाहे जिसे अपनी दृष्टि से प्रभावित कर सकता है और अपनी बात मनवा सकता है।

(उ) हठयोग की कई उपलब्धियों से लोग यश और धन कमाते हैं। वे उन सिद्धियों और चमत्कारों का प्रदर्शन करते हैं। इससे उन्हें धन, यश और कीर्ति की प्राप्ति होती है।

(ऊ) हठयोगी अपने शरीर की दुष्टात्माओं, हिंसक पुशओं और अनेक बाधाओं से रक्षा करने में समर्थ हो जाता है।

2. परमार्थक लाभ–

(क) योगी यदि दूरस्थ और गुप्त वस्तु का ज्ञान प्राप्त कर लेता है तो उससे जनकल्याण की भावना रखते हुए, पूर्व सूचनाएं देकर लोगों की रक्षा कर सकता है। किसी की खोई वस्तु ढुंढ़वा कर भला कर सकता है। किसी के खोये बच्चे का पता लगा सकता है।

(ख) पूर्वजन्म का ज्ञान होने पर योगी लोगों को बुरे कर्मों के बुरे फलों से अवगत करा सकता है। इससे लोगों को आध्यात्मिक लाभ पहुंचेगा।

(ग) योग चूंकि सदाचार और मन संयम की शिक्षा देता है। योग सिद्ध होने पर व्यक्ति अनेक दुष्कर्मों से दूर हो जाता है। उन दुष्कर्मों के प्रभाव से संसार बच जाता है और उसके सुकर्मों का लाभ संसार को मिलता है जो एक उपकार और कल्याण ही है।

(घ) योगी आत्म दर्शन से यह जान लेता है कि जिस अखंड सत्ता का वह अंश है—वही एक प्राण तत्त्व सभी प्राणियों में है। वह किसी से भिन्न नहीं है। शरीर तो अलग-अलग स्थूल आवरण मात्र हैं—ये तो बदलते रहते हैं। इनकी परवाह योगी नहीं करता। वह सबमें एक प्राण देखकर दयालु और कल्याणकारी होता है। गीता में भी लिखा है—'जो आत्मा को सब भूतों में देखता है—वह परब्रह्म को प्राप्त होता है।'

वास्तविक एकता का ज्ञान होने पर वह समदर्शी हो जाता है।

(ङ) मनुष्य कुबुद्धि से ही पाप, अत्याचार, छल, कपट और दुराचार करता है। संसार में जो बेईमानी, भ्रष्टाचार और अंधकार है, उसका कारण बुद्धिहीनता है। भोग और ऐश्वर्यों से कभी सच्चा सुख नहीं मिलता। इस तथ्य को भोगी नहीं जानते, योगी जान लेते हैं। अतः योग सिद्धियों से वे आत्मानन्द और आत्मानुभूति करते हैं। बुद्धि और विवेक जागृत होने से वे पापों में प्रवृत्त नहीं होते। दूसरों को भी वे सत्कर्मों में प्रवृत्त करते हैं। इस प्रकार संसार का कल्याण होता है।

(च) सभी प्रकार की सिद्धियों से योगी संसार को लाभ दे सकता है। प्रत्येक सिद्धि लोगों को धर्म, अर्थ, काम, मोक्ष की सही जानकारी और संसार का यथार्थ रूप दिखाने में समर्थ है। योगी सभी से संसार को लाभान्वित कर सकता है।

3. सिद्धियों से हानियां

महर्षि पतंजलि ने अपने योग दर्शन में विभूतिपाद के एकसूत्र में लिखा है कि सिद्धियों से समाधि में विघ्न पड़ता है। भले ही सिद्धियां प्राप्त हो जायें, उनमें नहीं फंसना चाहिए, ऐसा पतंजलि मानते हैं।

एक प्रसिद्ध विद्वान कहते हैं—

'सिद्धियां प्राप्त होने पर भी उनमें न फंसना ही अच्छा है। सिद्धियों का उपयोग किसी लाभ, नाम और यश के लिए नहीं किया जाना चाहिए। ऐसा करने पर वे प्रगति में अवरोध उत्पन्न कर देती हैं। क्योंकि उनमें अहं के पुष्ट होने की आशंका बढ़ जाती है। इसलिए पंतजलि ने सिद्धियों को उपसर्ग की संज्ञा दी है। लम्बे समय तक सिद्धियों का दुरुपयोग किया जाए तो वह नष्ट भी हो जाती है। अतः महर्षि ने इनका उन्मुक्त प्रयोग न करके, इन्हें सुरक्षित करके लक्ष्य की ओर बढ़ते रहने की सलाह दी है। सिद्धियों से यह पता लग जाता है कि साधक की साधना सुरक्षित है और वह साधना पथ पर निरन्तर बढ़ रहा है।

एक प्रसिद्ध योग टीकाकार, विचारक डॉक्टर गोपीनाथ ने लिखा है—"बहुत लोग कहते हैं कि सिद्धि वांछनीय नहीं है और उसकी प्राप्ति होने पर मुमुक्ष योगी के योग मार्ग में विघ्न उत्पन्न होता है। इस विश्वास के मूल में कुछ सत्य है। इसमें सन्देह नहीं। किन्तु अधिकांश में यह विश्वास भ्रान्त मालूम पड़ता है। क्योंकि प्रत्येक वस्तु का दो प्रकार का व्यवहार होता है—'सत' और 'असत'। व्यवहार के दोष से वस्तु सत्ता आक्रान्त नहीं होती।"

उक्त लेखक और विचारक के अनुसार योग सिद्धियों की निन्दा करना उचित नहीं है बल्कि उन सिद्धियों का सदुपयोग हो।

योग सिद्धियों से तो साधक को पता चलता है वह कितना बढ़ा है।

उन सिद्धियों का प्रदर्शन न करते फिरें बल्कि कल्याण भाव से प्रत्येक सामने आई किसी की भी समस्या को सुलझा दें। यह उपकार है।

परन्तु सिद्धियों से आजकल तो हानियां ही हो रही हैं।

जिसे भी सिद्धि हो जाती है, वही गुरु बन कर लोगों को आकर्षित करने लगता है। वही मठाधीश बनकर स्वयं को भगवान की भांति लोगों से पुजवाने में लग जाता है। लोग उसकी पूजा में लग जाते हैं और वह योगी भूल जाता है कि उसे कहां जाना था। उसकी क्या मंजिल थी। उसने योगाभ्यास क्यों किया था? क्या योग के वास्तविक अर्थ हैं? यह सब्र वह भूल जाता है।

इसी कारण पतंजलि ने सिद्धियों को उपसर्ग माना है। तभी उन्होंने लिखा है—

'ते समाधावपसर्गा व्युत्थाने सिद्धयः।।

ये सिद्धियां समाधि में विघ्न स्रूप हैं। ये उपसर्ग हैं। इनका जागृत अवस्था से सम्बन्ध है। जब इनमें भी वैराग्य हो जाता है तब कैवल्य की प्राप्ति होती है। इन सिद्धियों में न फंसकर भी मोक्ष की प्राप्ति के लिए योगी को समाधिस्थ रहना उचित है। अंतिम मंजिल को न भूलें। वह ब्रह्म प्राप्ति है। आत्म दर्शन हैं।

पतंजलि ही नहीं, भगवान बुद्ध ने भी शिष्यों को आगाह किया था कि वे दूसरों के सामने अपनी सिद्धियों का प्रदर्शन न करें।

सिद्धियों के प्रदर्शन से एक हानि यह भी है कि योगी अहंवादी बनने लगता है। वह उनका प्रयोग अपने स्वार्थ के लिए कर सकता है। जिस 'अहम' को उसने योग से नष्ट करके वास्तविक रूप से जाना है, वही मृत अहम् जागृत हो सकता है। उसकी सारी योग और तपस्या भंग हो सकती है। सिद्धियां नष्ट हो सकती हैं।

सिद्धियों का दुरुपयोग देखकर जनसाधारण की योग से श्रद्धा उठती है। इसे लोग गलत मान लेते हैं।

परामनोविज्ञान और सम्मोहन हठयोग से ही संभव है। इसके द्वारा जब लोग वशीकार बन जाते हैं तो वे बहुत लोगों को कष्ट में डालकर उनका जीवन तबाह कर देते हैं।

प्रत्येक रोग का इलाज आसान है किन्तु जिन्हें किसी ने सम्मोहन करके उसी स्थिति में छोड़ दिया है, वह जड़ के समान है और उनका अन्तिम स्थान पागल खाना या मृत्यु ही है। उनके जीवन को तबाह करने वाला साधक भी महान पाप का भागी है। और उसे भी इस या 'उस'- जन्म में इस पाप कर्म का परिणाम भोगना ही पड़ेगा।

सिद्धियों का उदाहरण

'सिद्धियों' के सम्बन्ध में बहुत से लोगों को यह भ्रम होता है कि सब झूठ है। किन्तु ऐसी बात नहीं है।

योगाभ्यास से सिद्धियों की प्राप्ति होती ही है।

सच्ची लगन, कठोर साधना और उचित अभ्यास से सब कुछ संभव है।

भगवान महावीर, गौतम बुद्ध, शुकदेव, भगवान श्रीकृष्ण, रामकृष्ण परमहंस, विवेकानन्द, परमपूज्य स्वामी दयानन्द सरस्वती के नामों को कौन नहीं जानता?

इतिहास, पुराण और उपनिषद् तो ऐसे सिद्धों के उदाहरणों से भरे पड़े हैं।

स्वामी दयानन्द सरस्वती कभी सिद्धियों के चक्कर में नहीं पड़े, किन्तु हठयोग का चमत्कार था कि अनेक बार विष पीकर भी जिन्दा रहे और अन्त में जब उन्हें कांच दे दिया गया तो भी बहुत दिनों तक जीवित रहकर इच्छित कार्य निपटाये। मृत्यु से पूर्व उन्हें आभास हो गया था। कांच से पूर्व जो विष उन्हें दिए गये थे वे सब उन्होंने पेट से निकाल दिए थे।

स्वामी जी का जीवन चरित्र पढ़ने पर ज्ञात होता है कि स्वामी जी महाराज अकेले में पद्मासन में पानी पर ध्यान मुद्रा में बैठे थे। शिष्यों ने देखा था।

'अंहिसा' की सिद्धि की पराकाष्ठा के सम्बन्ध में स्वामी जी के एक शिष्य ने लिखा है कि एक बार वे जल में स्नान कर रहे थे कि मगरमच्छ उधर से आ गया। शिष्य ने देख लिया और स्वामी जी को आगाह किया कि मगरमच्छ आ रहा है, तब शांत भाव से स्वामी जी ने कहा था—'जब हम उसे कुछ नहीं कहेंगे तो वह भी क्यों कुछ कहेगा?' सचमुच मगरमच्छ बचकर निकल गया था।

उनका अश्वबल तो रथ के पहिए को पकड़ने पर ही देखा गया था। दो घोड़े भी रथ को न खींच सके थे।

एक बार एक बाजार में दो सांड़ लड़ रहे थे। भीड़ तमाशा देख रही थी। मार्ग अवरुद्ध हो गया था। उधर ही स्वामी जी जा रहे थे। लोगों ने उन्हें बताया कि दो शक्तिशाली सांड लड़ रहे हैं, उधर न जाइए। स्वामी जी मुस्कुराते चले गये। साड़ों के पास जाकर दोनों की एक-एक सींग पकड़कर उन्हें हटा दिया। सांड़ पूंछ उठाकर ऐसे भाग गये जैसे उनके सींग किसी शिकंजे से कठिनाई से छूटे हों। यह ब्रह्मचर्य की सिद्धि थी। बांहों में कुम्भक प्राणायाम की शक्ति लाकर ही ऐसा संभव है।

महावीर स्वामी भरे समाज में निर्वस्त्र हो गये। यह इन्द्रियों को जीतना ही था। जितेन्द्रिय होने की यह पराकाष्ठा थी। ब्रह्मचर्य की सिद्धि थी, तप था। अहिंसा की पराकष्ठा ही तो थी कि पशु-पक्षी भी उनके पास स्वच्छन्द विचरते थे।

आज भी यह संभव है।

आप सिंह को भी प्रेम करते हैं, अहिंसा के शुद्ध भाव रखते हैं तो सिंह आपको कुछ नहीं कहेगा।

'हठयोग' का आधुनिक उदाहरण स्वामी भीष्म जी महाराज हैं, जिन्होंने तीस-चालीस वर्ष पूर्व ही कह दिया था कि वे सवा सौ वर्ष जीवित रहेंगे—इससे पहले नहीं मर सकते। यह उनके अखंड ब्रह्मचर्य, दृढ़ इच्छा शक्ति का चमत्कार है कि आज से सवा सौ अर्थात एक सौ पच्चीस वर्ष पूर्ण करके भी जीवित हैं।

अनेक सिद्ध-महात्मा इस भारत भूमि में आज भी हैं। आयु के सम्बन्ध में तो बहुत उदाहरण हैं। समाचार पत्रों में जब आप यह पढ़ें कि अमुक योगी ने या तांत्रिक ने अमुक की प्रेत-बाधा (मानसिक रोग ही होता है यह) दूर का दी, योगी अन्तर्ध्यान हो गया। मन की बात जान ली, शरीर सूक्ष्म बना दिया। सैकड़ों मील दूर का हाल जान लिया, यह सब क्या है? इनमें असत्य हो सकता है, यह तो हम मानते हैं किन्तु सर्वथा, सभी बातें असत्य नहीं हैं।

बद्रीनाथ, केदारनाथ, काश्मीर घाटी, मानसरोवर आदि स्थानों पर बहुत से सिद्ध हैं जो संसार से बिरक्त भाव से ईश्वर भक्ति में लीन रहते हैं। उनमें सच्चे योगी बहुत हैं और कई-कई सौ वर्ष के भी हैं।

सर्कस में जब आप किसी कलाकार को कई किलो पानी पीकर, मुख से उतना ही पानी बिना मुंह से हाथ छुआए टोंटी की भांति निकालते देखते हैं, हाथी का पांव सीने पर रखवाते देखते हैं या नाक में डोरी डालकर मुंह से निकालकर दिखाते पाते हैं, तो आश्चर्य करते होंगे। किन्तु इसमें आश्चर्य की कोई बात नहीं है। हाथी सीने पर चढ़ाने वाले कलाकार को कुम्भक प्राणायाम सिद्ध है, मुख से जल वापिस निकालने वाले ने वारिसार धौति क्रिया को सिद्ध किया है और नाक से डोरी डालकर मुख से निकालने वाले ने 'नेतिक्रिया' का अभ्यास किया हुआ है। ये हठयोग की ही क्रियाएं हैं।

इसी प्रकार बहुत-सी करामातें आप देखते हैं। जैसे हथेलियों में कांच पीस डालना, तलवार की धार पर पांव रखकर चलना, भूमि के अन्दर काफी देर रहना, कांच खाकर वापिस निकाल देना, सर्प और बिच्छुओं का विष स्वयं के तथा अन्य के शरीर में उतार देना।

4. हठयोग एवं आध्यात्मिक उन्नति

'हठयोग को प्रायः यही कहकर उपेक्षित किया जाता है कि इससे स्थूल शरीर की उन्नति होती है—किसी प्रकार की आध्यात्मिक उन्नति इससे सम्भव नहीं है। स्वामी विवेकानन्द जी ने भी 'हठयोग' को नापसंद किया है। स्वामी दयानन्द जी ने भी हठयोग के सभी अभ्यासों और पूर्ण सिद्धियों के पश्चात भी पतंजलि के योगदर्शन को ही श्रेष्ठ बताया था, जो कि राजयोग ही है।

किन्तु यह भी शास्त्रों में ही लिखा है तथा स्वय ऋषि ने भी कहा है कि यह शरीर—मानव देह ही ऐसी है जिसके द्वारा हम योग सिद्धियां कर सकते हैं या धर्म-कर्म कर सकते हैं।

पशु-पक्षी आदि ऐसा नहीं कर सकते।

'योग' जो चित्तवृत्तियों का निरोध करता है, वह भी बिना शरीर के नहीं है और निर्बल एवं बीमार शरीर में भी यह संभव नहीं है।

बीमार शरीर का मन भी बीमार रहता है।

क्योंकि मन भी चेतन-सा लगने वाला जड़ तत्त्व ही है। यह मन देह से अधिक सूक्ष्म और चंचल है। साथ ही इसकी शक्तियां भी असीम हैं।

हठयोग शरीर को सबल, शक्तिशाली और सभी प्रकार के बाह्य प्रभावों को सपने में समर्थ बनाकर तब उसके द्वारा च्रित्तवृत्तियों का निरोध करना सिखाता है।

शरीर को शक्तिशाली और सभी द्वन्द्वों से निष्प्रभाव बनाना आवश्यक है।

हठयोग के द्वारा ही यह संभव हो सकता है।

हठयोग की समस्त क्रियाएं, मुद्राएं और षट्कर्म एवं आसन, प्राणायाम ऐसे ही हैं जो शरीर को सबल, स्वस्थ, निरोग और असाधारण बनाकर कुण्डलिनी जागरण में मदद करते हैं तथा ध्यान के लिए तैयार करते हैं।

हठयोग से शरीर में जो असाधारण शक्ति आ जाती है, जो सिद्धियां प्राप्त हो जाती हैं, हठयोगी अकसर उन्हीं में फंसकर रह जाते हैं।

किसी व्यक्ति को मान लिया भूमि में छुपे हीरे-जवाहरातों की खोज है। उसने खुदाई शुरू कर दी। वह खोद रहा है। खोदे जा रहा है। काफी खोदने पर उसे सोना मिल जाता है। वह वहीं से सोना लेकर वापस भाग लेता है। इतराता, ऐंठता, प्रसन्न होता समाज में धनवान बनकर बैठ जाता है। वह भूल जाता है, उसे तालाश हीरों की थी। कुछ दिनों के बाद वह धन समाप्त हो जाता है। अब उसमें खुदाई करने की शक्ति भी नहीं है। हीरे नहीं पा सकता।

हठयोगी यदि सिद्धियां प्राप्त होते ही, कुछ असाधारण सफलताएं मिलते ही उनके प्रदर्शन से मन की प्रसन्नता, संतुष्टि, यश, कीर्ति और धन कमाने में लग जाता है, तो वह योगी और साधक से एक व्यवसायी बन जाता है।

उसका व्यापार अच्छा चल निकलता है। धन भी आता है और खुशियां भी। नाम भी कमाता है। कुछ लोग उससे परोपकार और जन-क़ल्याण भी करते हैं।

किन्तु क्या यह उचित है?

क्या उसका यही लक्ष्य था?

क्या योग का यही अर्थ है?

निश्चय ही नहीं। यह योग का लक्ष्य नहीं है। यह तो सांसारिक सुखों का भोग हो गया।

योग तो भोग से अलग की चीज है, दूर की चीज है।

योग से मिलने वाला आनन्द तो परमानन्द है।

योग का अर्थ ही जोड़ना है। परमात्मा से आत्मा का योग।

आत्म-साक्षात्कार करके उस परमात्मा को, उस परब्रह्म को भी जान लेना।

वही तो है सच्चा आनन्द। सच्ची प्रसन्नता, सच्ची सिद्धि।

और यह मिलती है—विवेक ज्ञान से, जो कि समाधि से प्राप्त होता है।

अतः हठयोगी यदि सिद्धियों के फेर में पड़कर इस उपसर्ग पर न रुके, तो वह भी योग के चरम लक्ष्य को पा सकता है। न केवल पा सकता है बल्कि सीधे राजयोग में प्रवृत्त समाधिस्थों से भी अच्छी तरह पा सकता है। इसका कारण यह है कि हठयोगी के स्थूल शरीर का मस्तिष्क अधिक सबल है। उसके पास इच्छाशक्ति, आत्म-शक्ति, शरीर शक्ति, सहन शक्ति सभी कुछ है। कई दिनों की समाधि में वह बिना खाये-पीये, बिना शौचादि के, बिना हिले-डुले जा सकता है।

अतः सिद्ध होता है कि हठयोग से वास्तविक सच्चा योग भी संभव है।

किसी वस्तु के दुरुपयोग से वह वस्तु गलत नहीं होती, उसका प्रयोगकर्ता गलत है उसका व्यवहार करना गलत है।

जो तकुआ सूत कातने के लिए है, उसी से आप किसी कि आंखें फोड़ने लगें या कैंची से जेबें काटने लगें, तो दोष तकुए और कैंची का नहीं है। प्रयोग करता है जो व्यक्ति, उसी प्रयोगकर्ता का दोष है।

दोषी न सिद्धियां हैं, न हठयोग है।

दोषी हम हैं, जो उनका अनुचित प्रयोग करते हैं।

आप प्रयोग सही भी करते हैं, तब भी अनुचित हो जाता है क्योंकि आप अपनी वास्तविक मंजिल को भूलकर वहीं खड़े रह जाते हैं।

व्यक्ति हठयोग का अभ्यास करता है। योगी बनना चाहता है।

सारी क्रियाएं करने लगा।

सारे कर्म करता है।

सभी आसन और प्राणायामों में सिद्ध बन गया। नब्ज रोक देता है, हृदय की गति रोकता है, तलवारों की धारों पर चल सकता है। क्योंकि वह

प्राणायाम क्रियाएं जान गया है। श्वास विज्ञान को समझ गया है। शरीर को शक्तिशाली, हलका या अंगों पर नियंत्रण करना सीख गया है। अभ्यस्त हो गया है।

बस यहीं रुक गया।

लग गया इन्हीं का प्रर्दशन करने। भूल गया योग। कमाने लगा इसी में धन और यश।

कोई भूत-प्रेत उतारने लगता है, कोई रोगों का झाड़ा लगाता है तो काई सम्मोहन का प्रदर्शन करने लगता है।

अब कैसे आध्यात्मिक उन्नति हो?

वह तो भौतिक उपलब्धियां करने लगा। धर्म भूल गया, अध्यात्म भूल गया, स्वाध्याय का भी समय नहीं रहा। उसका ध्येय रह गया धन और यश बटोरना।

ये भौतिक पदार्थ हैं। धन भी भौतिक है, यश भी।

इससे प्राप्त सुख भी भौतिक है।

आध्यात्मिक सुखों की प्राप्ति होती है स्वाध्याय से, धर्म से, योग से।

सच्चा सुख भी अध्यात्म से मिलता है।

मन को सच्ची शान्ति भी अध्यात्मवाद में है। योरुप और अमेरिका के बड़े-बड़े विद्वान भी अब यह कहने लगे हैं कि भौतिक साइंस से आध्यात्मिक साइंस अधिक गूढ़ है। और यह गूढ़ साइंस, यह सूक्ष्म तत्त्व दर्शन भारत की ही धरोहर है। भारत में ही सुरक्षित है। इसमें भारत सबका गुरु है।

यह दुर्भाग्य है भारत का कि यहां इस विज्ञान को भुला दिया गया है।

विदेशी गुलामी में हम पथभ्रष्ट हो गये।

हमने अपने वैदिक संस्कृति को भुला दिया और उन विदेशियों की संस्कृति से प्रभावित हो गये।

सारा ज्ञान चौपट हो गया।

सारा विज्ञान भूल गये।

परन्तु विज्ञान समाप्त नहीं हुआ। वह तो है, था और रहेगा।

वेद अमर हैं।

वेद ज्ञान सुरक्षित हैं।

हमारे दर्शन विद्यमान हैं।

इसी प्रकार योग दर्शन भी विद्यमान है। योग विद्याएं सुरक्षित हैं। बहुत से योगी समय-समय पर पैदा होते रहते हैं। आज भी हैं। अतः यह विद्या भी जीवित है।

विश्व के प्रत्येक देश से मन की सच्ची शांति पाने के लिए लोग भारत के साधु-महात्माओं की शरण में आते हैं या वहीं बुलाकर स्वागत करते हैं।

विश्व इस विज्ञान में भारत की ओर ही देखता आया है और देख रहा है।

भौतिक विज्ञान विद् भी आध्यात्मिक विज्ञान के चमत्कारों को रहस्य कह

उठता है।

अतः आध्यात्मिक विज्ञान अधिक गूढ़ और सूक्ष्म है। आत्मोन्नति तथा वास्तविक परमानन्द के लिए यही उन्नति अपेक्षित है। यही आत्माओं का लक्ष्य है। प्रत्येक आत्मा उसी परमात्मा के गर्भ में समाने को बेचैन है।

और यह योग से निश्चित संभव है।

'हठयोग' से योग समाधि संभव है।

स्थूल देह पर नियंत्रण पाना, उसे सबल बना लेना योग में अनिवार्य है। हठयोग प्रथम यही कार्य करता है।

'हठयोगी' को एक बात ध्यान में रखनी चाहिए।

जो 'यम' और 'नियम' हठयोग में छोड़ दिए गये हैं, योग का अंग जिन्हें नहीं माना है, वे आध्यात्मिक उन्नति में बड़े सहायक हैं।

'हठयोगी' सत्य, अहिंसा, अस्तेय, ब्रह्मचर्य और अपरिग्रह को क्यों छोड़ दें!

शौच, सन्तोष, तप, स्वाध्याय और ईश्वर-प्रणिधान के अंदर क्या बुराई है?

हठयोग के साथ उन्हें भी न भूलें।

हठयोगी भी 'यम' को सामाजिक धर्म और नियम को व्यक्तिगत धर्म समझे।

क्या बुराई है कि हठयोग सत्य का दृढ़ता से पालन करे।

'अहिंसा' को मनसा-वाचा-कर्मणा माने।

'अस्तेय' का पालन मन, वचन, कर्म से करे। न चोरी करे, न बेईमानी करे, न कपट करे। ये सब आध्यात्मिक पक्ष की बातें हैं।

हठयोग में छोड़ दिये गये यम, नियम भी हठयोगी को ध्यान में रखने ही चाहिए।

सिद्धियां प्राप्त होने पर ये यम-नियम बड़ी रक्षा करेंगे।

ईश्वर की ओर प्रवृत्ति रखेंगे।

प्रत्याहार, धारणा, ध्यान और समाधि के लिए बड़े सहायक रहेंगे।

5. हठयोग और कुछ भ्रान्त धारणाएं

हठयोग के सम्बन्ध में कुछ भ्रान्त धारणाएं भी हैं।

जिस प्रकार समाज बहुत से हठयोगियों की गतिविधियों पर सन्देह करता है, अविश्वास करता है और कई हठयोगी समाज की हानि करते भी देखे जाते हैं। इसी प्रकार हठयोग विद्या के सम्बन्ध में भी साधकों की धारणाएं भ्रान्त हैं।

हठयोग के ग्रन्थों में ही कोई दोषपूर्ण क्रिया होने या श्लोकों के अर्थ गलत करने के कारण बड़े अनर्थ हो रहे हैं।

सर्वाधिक भ्रान्त धारणा है—

'बज्रोली' के सम्बन्ध में।

'बज्रोली' हठयोगी की एक मुद्रा है।

इस मुद्रा में होता यह है कि रबर, धातु, या लकड़ी की एक नली बनवाते हैं। कांच की भी बन सकती है। रबर की बनी-बनाई मेडिकल स्टोर वाले रखते हैं। यह डॉक्टर लोग पेशाब का बंद खोलने में प्रयोग करते हैं। बज्रोलि

क्रिया में इस नली को लिंग के सुराख में डालकर उससे पानी खींचने का अभ्यास करते हैं। दूध भी खींचा जाता है। इस मुद्रा के अभ्यास का उद्देश्य यह था कि मूत्र नली की सफाई, गुर्दों आदि की स्वच्छता और अपान की शक्ति में दृढ़ता।

इस क्रिया से जल खींचकर ऊपर चढ़ाते हैं फिर उसी तरह बाहर निकाल देते हैं। सफाई होती है।

अपान को ऊपर खींचने की शक्ति बढ़ने से लाभ होता है।

वह ये कि वीर्य को ऊर्ध्वगामी कर सकते हैं। ऊपर की ओर चलना कर सकते हैं।

बस ये उद्देश्य थे।

किन्तु कुछ हठयोगियों ने लिखा भी है और वे ऐसा करते भी हैं कि 'बज्रोलि' के लिए 'दूध' और 'आज्ञाकारिणी स्त्री' आवश्यक है। वे स्त्री की योनि में सम्भोग से वीर्य गिराते हैं और वापिस खींचते हैं। दूध से अभ्यास नली के द्वारा खींचने का अभ्यास करते हैं।

यह अनुचित है।

योग के सिद्धान्तों के ही विपरीत है।

निन्दनीय और घृणित है।

'सम्भोग' तो भोग है। उससे कैसा योग। वह तो काम ऊर्जा का सत्यानाश है।

अतः यह त्याज्य है।

हठयोगियों को सावधान रहना चाहिए।

बहुत से साधुओं को लिंगेन्द्रिय में छल्ला या सलाई डाले देखा जाता है। उनका कथन है कि इससे वे सम्भोग में असमर्थ होते हैं।

यह भी भ्रान्त धारणा है।

वीर्य रक्षा के लिए मन का संयम, प्रत्याहार ही आवश्यक है। लिंग को बींधना, काटना आवश्यक नहीं है।

बहुत से लोग उसे साधु बनकर, लिंग को बींधकर घंटी लटका कर उसके प्रदर्शन से लोगों को आकर्षित करते, भीख मांगते हैं। यह भी अनुचित है।

नाथ सम्प्रदाय के योगियों में कुछ योगी यह कहते हैं कि नशा आवश्यक है। वे लोग भांग, धतूरा आदि का भरपूर प्रयोग करते हैं। इसे वे योग-समाधि के लिए जरूरी मानते हैं। यह तो नितांत निर्मूल धारणा है।

अशिक्षित साधु ऐसा प्रचार करते हैं।

'गोरक्ष संहिता' और हठयोग प्रदीपिका में ऐसा उल्लेख नहीं है।

माया मच्छन्दरनाथ या गोरखनाथ ने भी ऐसा नहीं लिखा है।

भक्त पूर्णमल ने या गोपीचन्द, भर्तृहरि आदि ने इसे कब माना है?

ये लोग गोरक्ष संक्षिता को मानते हैं। किन्तु उसमें कहीं ऐसा श्लोक है भी तो त्याज्य है। ऐसे कई क्षेपक बाद में जोड़ दिये जाते हैं या व्याख्याकार ही अर्थ का अनर्थ कर देते हैं।

अतः साधकों को ऐसे विचारों से सावधान रहना चाहिए।

6. योगाभ्यास और गृहस्थाश्रम

कुछ लोगों की यह निर्मूल धारणा है कि योगाभ्यास केवल ब्रह्मचारियों या संन्यासियों के लिए है।

ऐसी बात नहीं है।

प्रत्येक आश्रम में योगाभ्यास अत्यन्त आवश्यक है। बस मात्रा, लक्ष्य और विधियों का अन्तर है।

एक ब्रह्मचारी के लिए ज़ो आसन गुणकारी है एक गृहस्थ के लिए दूसरा गुणकारी हो सकता है। प्राणायाम की भी यही बात है।

गृहस्थ के पास योग साधनाओं के लिए न तो अधिक समय होता है, न उसके लिए सारा समय योग में लगाना उचित ही है।

उसकी जिम्मेदारियां सभी आश्रमों से अधिक हैं।

अतः गृहस्थ के 'कर्मयोगी' को तो केवल कुछ आसन, कुछ प्राणायाम और यम-नियम ही उचित है। गृहस्थ का कार्य इन्हीं से सिद्ध होता है।

प्रत्येक गृहस्थाश्रमी को चाहिए कि वह यम, नियम, आसन, प्राणायाम, इन्द्रिय निग्रह, प्रत्याहार पर ध्यान दें। सुबह-शाम ईश्वर का ध्यान भी करें। वैदिक संध्या उसके लिए श्रेष्ठ उपासना है।

स्वस्थ रहने के लिए आसन और प्राणायामों की गृहस्थाश्रम में भी आवश्यकता है।